LA BOSNIE NOUS REGARDE

SOUS LA DIRECTION DE
PAUL CHAMBERLAND • ALAIN HORIC
FRANCE THÉORET • PIERRE VALLIÈRES

La Bosnie nous regarde

LES PUBLICATIONS
DU QUARTIER
LIBRE

Collectif sous la direction de
Paul Chamberland, Alain Horic, France Théoret et Pierre Vallières

avec la collaboration de
Christophe Horguelin et Marcos Ancelovici

Conception de la couverture et mise en pages
Zirval Design

Illustration de la couverture
Armand Vaillancourt

Hors collection

Distribution
Distribution de livres Univers
845, rue Marie-Victorin
Saint-Nicolas (Québec) GOS 3LO
Tél. : (418) 831-7474, Téléc. : (418) 831-4020
Téléphone sans frais : 1-800-859-7474

Dépôt légal
3e trimestre 1995
Bibliothèque nationale du Québec
Bibliothèque nationale du Canada

ISBN 2-921754-03-7

©Les Publications du Quartier Libre
2241, boul. Édouard-Montpetit, bureau 2
Montréal (Québec) H3T 1J3
Tél. : (514) 733-2966, Téléc. : (514) 733-3381

Données de catalogage avant publication (Canada)

Vedette principale au titre :
  La Bosnie nous regarde
  Comprend des réf. bibliogr.
  ISBN 2-921754-03-7

  1. Guerre dans l'ex-Yougoslavie, 1991-   - Bosnie-
Herzégovine. 2. Bosnie-Herzégovine - Histoire - 1992- .
I. Chamberland, Paul, 1939-   .
DR1313.3.B67 1995   949.7'42024   C95-940825-8

Sommaire

Le défaut des ruines est d'avoir des habitants

Roland Giguère

Présentation

« Pourquoi la Bosnie ? » On m'a souvent posé la question. « Pourquoi pas ceci ou cela ? » Sur ce ton-là, oui. Je ne suis pas sûr qu'on ait eu en tête une vraie question. À cause du ton, justement, et du léger sourire à peine réprimé. Je suis même persuadé qu'on n'aurait pas dit autrement s'il se fût agi d'Haïti (naguère), du Rwanda ou de la Tchétchénie.

Je ne vois pas de meilleure réponse au « Pourquoi la Bosnie ? » que celle-ci : justement à cause d'Haïti, du Rwanda ou de la Tchétchénie, et aussi bien des 800 000 exclus du Québec. La misère universelle ! On peut toujours soupirer, lever les yeux au ciel, et avec quel sincère apitoiement ! À les confondre dans l'éther de la fatalité, on se dispense à bon compte d'exercer son intelligence à propos de *chacune* des situations où des hommes nient l'humanité d'autres hommes. Comme l'écrit Adorno, dans *Minima moralia* : « Dans la représentation abstraite d'une injustice généralisée, toute responsabilité concrète disparaît[1]. » Qui s'inquiète de la tournure équivoque de la politique canadienne relativement à l'ex-Yougoslavie ?

La mise en spectacle médiatique des combats, des exactions et des massacres en Bosnie se substitue généralement à tout essai d'explication : un raccourci de la version officielle des gouvernements en tient lieu. S'imagine-t-on nous faire prendre pour la réalité de *l'entertainment* humanitaire ? Début 1993, on a fait tout un plat de la petite Bosniaque blessée, Irma (tout le

---

1. Theodor W. Adorno, *Minima moralia, Réflexions sur la vie mutilée*, traduit de l'allemand par Éliane Kaufholz et Jean-René Ladmiral, Paris, Payot, « Critique de la politique », 1983, p. 21.

monde savait son nom), transportée et soignée dans un hôpital montréalais. On a exhibé ce fétiche aux bons sentiments, oui, un substantiel morceau de *human interest,* servi entre deux pubs. Nous sommes secourables (on nous le montre), nous avons fait tout ce qu'il était possible de faire, à quoi nous servirait de comprendre ce qui se passe là-bas (ces « haines ancestrales », ces « guerres tribales ») ? Les faits sont limpides, nous vivons dans le pays jouissant de « la meilleure qualité de vie au monde » et c'est bien dommage pour ceux dont on ne peut en dire autant.

On ne manque pas de raisons pour s'épargner l'effort de comprendre (du genre « c'est trop compliqué, tordu »). Mieux vaut se persuader que tous les « belligérants » ont part égale à l'ignominie. On croit ce qu'on veut croire. Ainsi passent comme une lettre à la poste les mensonges délibérément entretenus par les gouvernements occidentaux, y compris le nôtre, à commencer par celui-ci : ce qui a lieu en ex-Yougoslavie serait une guerre civile. La réalité contredit carrément pareils racontars.

Des décennies que ça se prépare, le *nettoyage ethnique,* conçu et désormais pratiqué à large échelle par les fanatiques grand-serbes. Sous la gouverne du maître d'œuvre totalitaire Slobodan Milosevic à Belgrade, qui ment comme on respire (la dernière de ses tromperies est le prétendu « désaccord » avec la république auto-proclamée de Bosnie). En territoire croate (naguère) ou bosniaque (depuis trois ans), des bandes de tueurs, généreusement armées par Belgrade et dirigées par des dépravés tel Radovan Karadzic et Ratko Mladic, s'attaquent aux populations civiles sans défense, brûlent, expulsent, violent, massacrent ou *gèrent* des camps de la mort et des camps-bordels. Cela, en toute impunité, grâce à l'abstention *prudente* des grandes puissances occidentales, qui persistent malgré tous les dénis à traiter en « partie aux négociations » les adeptes de la solution finale. Menacés d'anéantissement physique et moral, les Bosniaques, s'ils ripostent pour défendre leur vie, leur histoire, leur culture et leur État démocratique, sont traités en gêneurs. Cette grossière imposture serait vite déjouée *si on ne pouvait compter sur notre indifférence.*

Des enfants enfournés et brûlés vifs, des adolescents châtrés, une jeune femme dans son huitième mois de grossesse à qui des tchetniks ouvrent le ventre avec le goulot cassé d'une bouteille pour lui arracher son petit[2]. Nous n'aurons pas eu le prétexte de ne pas savoir : un génocide s'accomplit sous nos yeux en Bosnie et nous ne faisons rien. Certains tirent contentement de leur lâcheté parce qu'elle aurait pour contre-partie l'avantage de rester vivants.

---

2. Ces renseignements sont tirés du *Livre noir de l'ex-Yougoslavie, Purification ethnique et crimes de guerre,* documents rassemblés par le *Nouvel observateur* et Reporters sans frontières, Paris, Arléa, 1993.

Mais que voudrait dire rester en vie dans un monde où l'on en vient à banaliser à ce point l'inhumanité ? Que nous pourrions y échapper parce que nous vivons dans l'un de ces bunkers *civilisés* que sont les pays riches ? N'a-t-on pas vu, ici même, des élus du peuple jongler avec l'idée de travail forcé pour les exclus ? John Major recommandait il n'y a pas longtemps rien de moins que le « nettoyage » social pour les itinérants de Londres. À Bogota, en Narcolombie, on extermine carrément ceux qu'on appelle le plus naturellement du monde les hommes « jetables ». Notre veulerie fait de nous les otages des puissances de l'immonde, qui pourraient bien avoir raison de nous *pour peu que les circonstances s'y prêtent.*

Ouverture au monde

Les bouffons qui nous gouvernent se font lyriques quand ils célèbrent la mondialisation de l'économie, qu'ils tiennent du reste allègrement pour l'équivalent de la démocratie. Avec une placide muflerie, ils traitent d'attardés ceux qui sont attachés à une patrie ou à un peuple. Serait-ce pour cette raison qu'ils se font singulièrement muets, ou évasifs, lorsque leur belle formule d'« ouverture au monde » prendrait toute sa portée avec la ferme résolution de mettre un terme à l'anéantissement d'un peuple ? Fermé au monde, Sarajevo, « le plus grand camp de concentration de l'histoire », et cela non seulement sous les yeux mais grâce à la vigilance de nos valeureux Casques bleus, cette « force de maintien de la paix » qui bloque toute issue aux habitants de la ville assiégée et concourt de ce fait au prolongement de la guerre. Avec le *frame-up* humanitaire monté et soutenu par les Nations (dés)unies, les mots en sont venus à signifier leur contraire. Au génocide, au mémoricide, à l'urbanicide perpétrés par les hordes tchetniks, il y a désormais lieu d'ajouter le *véricide* délibérément pratiqué par les puissances occidentales. On ne s'étonnera pas d'entendre bafouiller, bégayer depuis des mois notre ministre des Affaires étrangères, qui tente de dissimuler sous d'insipides généralités un tout autre discours. Mais André Ouellet, comme ses homologues, est le ventriloque de la bassesse commune.

Leur ouverture au monde se résume à celle des marchés, point à la ligne. Elle sert une caste, celle de ces puissances financières qui tiennent pour parfaitement négligeable, voire gênante, la prise en considération de la vie et de la dignité humaines. Ses représentants politiques n'hésitent plus aujourd'hui à *oublier* la défense des droits de l'homme. Notre gouvernement favorise sans vergogne le commerce avec la Chine tortionnaire et anti-démocratique. On ne s'étonnera pas que la politique canadienne à propos de l'ex-Yougoslavie soit rien moins que limpide. Sans les agissements d'un efficace lobby serbe à Ottawa, comment expliquer que nous ayons toujours notre ambassade à Belgrade, alors que nous n'avons même pas l'embryon d'une mission diplomatique à Sarajevo, capitale d'un État officiellement reconnu par les Nations unies ? Et qui bloque à Ottawa les efforts faits à Québec pour venir en aide aux réfugiés bosniaques ?

La démocratie

Alain Touraine, dans *Qu'est-ce que la démocratie ?*, se demande si on peut « parler de démocratie vivante là où n'éclate pas l'indignation devant le mépris des droits humains »[3]. Ses propos épinglent sans détour l'illusion dans laquelle nous nous confortons avec complaisance, bercés que nous sommes par le chant des sirènes de la « fin de l'histoire » (Francis Fukuyama) ou du triomphalisme rétro-libéral (Guy Sorman, l'ex-protégé de Pinochet).

> Au moment même où tant de voix se réjouissent du triomphe de la démocratie et croient que le monde entier a adopté un modèle politique unique, celui de la démocratie libérale, il faut s'inquiéter au contraire de l'affaiblissement, de la perte de sens d'une idée démocratique qui n'a plus de force et qui n'est plus capable d'action contre ses propres adversaires, comme le montre la lâche abstention des pays occidentaux face à la violence déchaînée en Bosnie par ceux qui pratiquent la purification ethnique[4].

Illusion, le mot me paraît trop faible. Jugerait-on excessif que je parle d'aveuglement volontaire ? Face à la paresseuse irresponsabilité que s'accordent les bons sentiments, je ne le crois pas. Et encore moins à constater, incrédule, le dédain sûr de lui de ceux qui, pas même curieux de questionner les nébuleuses justifications de l'alibi humanitaire, une opération qu'ils financent de leurs impôts, font leur la *realpolitik* des puissances.

Prendre pour acquis, tout à la fois, que ce qui se passe *là-bas* ne nous regarde pas et que le devenir de la démocratie soit *ici* ce qu'il y a de plus

---

3. Alain Touraine, *Qu'est-ce que la démocratie ?*, Paris, Fayard, 1994, p. 272.
4. *Ibid.*, p. 266.

assuré, pareille conviction s'autorise d'une sévère méconnaissance de l'idée démocratique.

La mondialisation, l'interdépendance des nations et des continents importent au plus haut point lorsqu'il s'agit des marchés, alors que le sort de tout un peuple vivant dans un État démocratique reconnu comme tel est tenu pour un enjeu *local* parfaitement négligeable. Pourtant, si l'on prend au sérieux les préceptes des mondialistes, ne doit-on pas en inférer que, du fait d'être malmenée ou anéantie en certains pays, la démocratie s'en trouve partout ailleurs affaiblie ? À cet égard, et contrairement aux refrains officiels, les zones d'effondrement ne cessent de s'étendre. On est bien forcé de le constater, du moins si on évalue les choses du point de vue des êtres humains plutôt que de celui des seules procédures formelles, qui dissimulent bien souvent ce déni effectif de la démocratie que constituent de graves injustices sociales.

Laisser les coudées franches aux national-communistes serbes équivaut à les récompenser, à reconnaître que la force brute peut en toute impunité décider du sort des nations — ce que ne peuvent manquer de prendre pour un signal positif tous les Jirinovski de la Terre. Ne voir là qu'une menace *extérieure* est une inconséquence, du reste significative et fort répandue. À qui la sinistre comédie de l'humanitaire donne-t-elle encore le change ? À ceux qui veulent s'aveugler en déniant la contradiction qu'ils exhibent eux-mêmes en faisant alterner la rengaine démocratique et les couplets *realpolitik*. Dans *Le vertige de Babel*, Pascal Bruckner dit de l'Europe qu'elle a « claqué la porte au nez » des républiques ex-yougoslaves qui aspiraient à « entrer dans la Communauté ».

> Pour l'instant, l'Europe de l'Ouest n'est autre chose qu'un club de riches soucieux d'ordre plus que de justice et qui, tout à l'effroi de ces peuples nouvellement émancipés, voudrait les ramener dans le giron moscovite ou serbe, les replonger dans la servitude pourvu qu'ils la laissent en paix[5].

Cette insensibilité que nous montrons *de fait* face aux exactions qui, en Bosnie ou ailleurs, visent délibérément et de tant de façons la défiguration de l'humanité chez nos semblables, croyons-nous qu'elle ne nous affecte pas en retour ? Que nous le reconnaissions ou pas, le prix à payer est rien de moins

5. Pascal Bruckner, *Le Vertige de Babel, Cosmopolitisme ou mondialisme*, Paris, Arléa, 1994, p. 58-59.

que le respect de nous-mêmes. La lâcheté consentie selon le plus large consensus, l'*encoconnement* frileux et l'aspiration à être cryogénéisés vivants dans
notre paradis de consommateurs, seraient-ce là des attitudes compatibles avec
la vigueur, la lucidité et la vigilance que commande l'exigence démocratique ?

La culture

Est-ce que cette guerre ressemblerait à une autre ? Non, bien entendu.
Mais la tentation de céder à la fatigue nous ferait admettre tout le contraire.
Confondre toutes les guerres équivaut à effacer la trace de chacune. Alors,
nous n'aurions plus aucune raison à opposer à *cette boucherie-là*.

Qui a lieu sous nos yeux. Au moment où j'écris ces lignes, les 70 000 habitants de Bihac disparaissent dans les flammes. Il n'en aurait pas été ainsi si
les puissances occidentales n'avaient pas lâchement abandonné les victimes à
la fureur des bourreaux. Le 5 décembre 1994, lors du sommet de la
Conférence sur la sécurité et la coopération en Europe, à Budapest, le président bosniaque Alija Izetbegovic déclarait que « la honte de l'Occident mar-
quera la fin du siècle » et que les partisans de la négociation « se prépar[aient]
à inviter dans la famille des pays civilisés une création conçue sur la tyrannie
et le génocide »[6]. On a eu l'outrecuidance de le rabrouer !

« Force de maintien de la paix », telle est l'appellation qui sert à désigner
les Casques bleus. Si l'intelligence ne s'emploie même plus à discerner le vrai
du faux, si elle ne s'exerce même plus à démonter l'imposture du discours
officiel, aussi bien dire qu'elle renonce à elle-même et qu'elle fait acte de
soumission à cela qui la nie : la force brute. Est-ce qu'une vie en vaudrait une
autre ? Est-ce qu'on pourrait tenir pour indistincts soldatesque bien armée et
civils sans défense, victimes et bourreaux, sans sacrifier carrément ces qualités
de rigueur et de justesse intellectuelles que nous apprécions tellement ? Se
fendre d'arguties pour légitimer l'impunité qu'on a par ailleurs le pouvoir de
refuser aux criminels, c'est confesser sa propre indignité. Et c'est d'avance
s'enlever toute raison à opposer à la barbarie.

Cette guerre nous met à l'épreuve : en premier lieu les Européens, mais
aussi bien tous les Occidentaux. Une épreuve dont nous évaluons bien légèrement l'enjeu, puisque nous imaginons pouvoir nous soustraire à son injonc-
tion.

---

6. *Le Monde,* 7 décembre 1994.

Alain Finkielkraut cite, dans *Le Crime d'être né*, le témoignage d'une réfugiée bosniaque en France[7]. À sa famille d'accueil qui lui demande si elle connaît Picasso, elle répond que la peinture de celui-ci a fait l'objet d'un cours toute une année scolaire. Là-bas, pour certains — pour combien d'entre - nous ? — vivraient des *primitifs*. Attribuer la sauvagerie des tchetniks serbes à l'ensemble des populations ex-yougloslaves a été jusqu'à tout récemment l'un des présupposés du discours des puissants pour justifier leur abstention. La politique fondée sur de tels présupposés est toujours en vigueur : nous faisons comme si la Bosnie, c'était toujours *là-bas*, comme si elle faisait partie des *territoires extérieurs* à la civilisation. Nous croyons disposer d'une juste appréciation de la réalité sur l'appui d'une méprise aussi grossière.

Mais Sarajevo assiégée, détruite et toujours vivante nous regarde, que nous en convenions ou non. Sarajevo, c'est ici, au cœur de la culture. Les écrivains, les artistes et les intellectuels de Sarajevo nous regardent, eux, incrédules. Comment pourraient-ils se faire à l'idée que nous ne tenions pas l'anéantissement de la Bibliothèque nationale de Sarajevo pour un assaut livré à cette culture que nous disons nôtre ? Le 27 août 1992, 1 200 000 livres et 600 collections de périodiques disparaissaient en fumée, tombaient en cendres.

Kemal Bakarsic a été le conservateur en chef de la bibliothèque du Musée national de Bosnie. Avant que les Serbes ne détruisent le Musée, il a réussi, avec l'aide de collègues, à évacuer la presque totalité du quart de million d'ouvrages qu'il contenait. Du nombre, le *Haggada de Sarajevo,* ce recueil de poèmes et de peintures relatant la fuite des Hébreux hors d'Égypte, le plus célèbre de la tradition sépharade. Composé entre le 12e et le 14e siècle en Espagne, il fut apporté à Sarajevo au 16e siècle après qu'Isabelle la catholique eût chassé les Juifs de son royaume. Cinq siècles plus tard, un musulman sauve une seconde fois de la destruction, commandée par des orthodoxes, un chef-d'œuvre de cette culture juive élaborée dans l'extraordinaire creuset que fut l'Andalousie multiconfessionnelle, anéantie par une chrétienté conquérante !

Ils se gargarisent volontiers de « pluralisme » et d'« ouverture au monde », les chefs de nos États civilisés. Seulement, en décidant, avec leurs - « plans de paix », la partition de la Bosnie selon le clivage ethnique, ils satisfont sans broncher aux conditions des racistes grand-serbes. Et cela au mépris de la volonté des Bosniaques, qu'exprime avec la plus grande netteté Kemal Bakarsic : « Nous ne voulons tout simplement pas être confinés à un ghetto

---

7. Alain Finkielkraut, *Le Crime d'être né, L'Europe, les nations, la guerre,* Paris, Arléa, 1994.

musulman en Bosnie. Ce serait là détruire notre tradition, notre mode de vie. Nous ne sommes pas *contraints* de vivre ensemble. Nous *vivons* effectivement ensemble. »

L'Europe, l'Occident, c'est tellement de films, de concerts, de livres, de tableaux, de spectacles, d'*événements culturels* — tellement d'œuvres. Nous nous confortons dans la conviction de disposer de la culture comme d'un bien propre, inaliénable, avec l'orgueil tranquille d'un propriétaire au milieu de son domaine. Alors que nous faisons fi des conditions, humaines et politiques, sans lesquelles ce que nous persistons à nommer culture ne serait plus que l'ornementation destinée à couvrir un état de fait qui en est l'exacte négation. Un alibi, un mensonge. L'autre disait naguère brandir son revolver dès qu'il entendait le mot culture. Aurions-nous oublié qu'il n'aurait pas eu le loisir de le décharger tant qu'il voulait s'il n'avait pu compter sur l'abstention coupable des démocraties occidentales ? Nous voici confrontés à une épreuve aussi sévère. Serions-nous à ce point amnésiques que nous croyions nous épargner encore une fois le coût de notre inconséquence ?

Dans cette guerre, nous n'avons cessé de *calculer* les risques d'une intervention ; nous sommes allés jusqu'à prévenir les tueurs d'enfants et de vieillards, les violeurs de femmes et de fillettes, des rares et ponctuelles ripostes que nous avons osées — comme des impotents, déjà. Oui, nous portons assistance — quand les agresseurs nous en accordent l'autorisation — aux assiégiés souffrant du froid et de la faim. Seulement, nous persistons depuis le début à ignorer, à tenir pour néant la volonté de « vivre ensemble » des Sarajevains, *y compris de nombreux Serbes,* qui revendiquent ainsi comme condition normale d'existence celle-là même qui donne éminemment vigueur et fécondité à la culture en ce qu'elle exauce de plus humain : la liberté, révérée et portée au-dessus de tout clivage ethnique ou confessionnel. En donnant de fait raison à l'intolérance, au fanatisme, à une haine de l'autre poussée jusqu'au dessein d'anéantir le fondement même de ce qui le fait humain, nous avons commencé d'accueillir en nous, de laisser prise aux façons, aux assauts de la barbarie. Car la Bosnie, car Sarajevo, c'est nous : le plus précieux, le plus avancé dans l'*humanisation*.

Voilà très exactement ce que nous disent les gens de Sarajevo. Alors que nous les plaignons de leur dénuement comme s'ils étaient les victimes d'une catastrophe naturelle, eux nous mettent en garde, non sans une nuance d'ironie à l'égard de notre humanitarisme sentimentalo-confusionniste. Apprécions cet aphorisme d'un chroniqueur radio de la ville : « Le temps de la solidarité est venu : aidons l'Europe[8] ! »

---

8. Zlatko Dizdarevic, *Portraits de Sarajevo,* avec une préface d'André Glucksmann, Paris, Spengler, 1994.

Un groupe d'artistes *designers* de Sarajevo, Trio, a eu, un jour de 1992, l'idée de provoquer Coca-Cola par un *Enjoy Sarajevo* joyeusement insolent. Pourquoi ? Pour que la riche multinationale leur intente un procès et leur donne ainsi l'occasion de poursuivre leur activité dans de meilleures conditions : une prison californienne ! Bien entendu, rien de tel ne s'est produit. Alors les deux membres du groupe, restés là-bas dans leur *prison*, ont renchéri en produisant une série de cartes postales. Les Jeux olympiques, le drapeau des Nations unies, la *Joconde*, le *Cri* de Munch, le *Sergent Pepper's* des Beatles, entre autres (quelques-unes de ces cartes sont reproduites ici). La culture, notre culture, revue et remise à l'heure de la barbarie tchetnik ; le parfait miroir de notre aveuglement.

C'est en dépit du plus grand dénuement que ceux de Sarajevo veulent non seulement survivre, à la façon de bêtes traquées, mais maintenir, contre tout espoir, cette vie pleinement humaine qui se conjugue aux verbes aimer, inventer, créer, socialiser voire fêter selon l'accord résolument soutenu de toutes leurs différences. Une folie, parfaitement, il le savent et le disent. Présentement, tout ce que la culture a jamais voulu dire, ce sont les *fous* de Sarajevo qui, pour nous, en préservent la ressource et en soutiennent l'honneur en bravant, désarmés, le tir de ceux qui l'ont en haine et voudraient engloutir le monde entier dans leur folie de retour aux ténèbres.

Pendant ce temps-là nous regardons mourir la ville assiégée, et toute la Bosnie-Herzégovine, comme si nous étions confortablement installés dans un dispositif de réalité virtuelle. Reste à savoir ce que nous en ferions, nous, de la culture, si on nous coupait l'eau et l'électricité.

On pourra lire dans cet ouvrage collectif divers types d'écrits : autant de facettes pour rendre compte d'une situation aussi complexe que terriblement limpide dans son caractère tragique. En premier lieu, des articles, analyses ou réflexions, tentent de mettre en lumière des aspects méconnus, ou mal connus, de cette guerre. Nous avons accordé une attention particulière au rôle, peu reluisant, joué par le Canada et son gouvernement dans cette affaire. Le long article de Stephen Albert en relate la chronique, distribuée en cinq actes. Pour bien comprendre le sens et la portée de la politique canadienne, il faut bien entendu la relier au contexte formé par l'ensemble des positions adoptées par les grandes puissances occidentales. Une histoire tortueuse dont on ne saurait retracer le fil conducteur si l'on ne met pas en relief le détail de son déroulement. Inévitablement le lecteur, à la suite de l'auteur, s'engage dans un véritable labyrinthe, tel que ne peuvent manquer de l'édifier la perfidie et l'ingéniosité retorse d'une politique dont les intentions déclarées forment le contre-pied des agissements effectifs. À cet égard, comme on pourra le constater, le Canada se révèle capable d'en remettre.

À la suite des questions de fond, nous proposons des témoignages, des poèmes et une nouvelle. Nous avons en outre jugé utile de proposer au lecteur qui voudrait en savoir davantage sur la question une bibliographie et une filmovidéographie que, bien entendu, nous ne prétendons aucunement exhaustives. On trouvera enfin un ensemble de cartes qui « donnent à voir » d'indispensables informations d'ordre historique et géographique[9].

Cet ouvrage collectif n'aura été conçu et rendu possible que parce qu'il aura été l'un des nombreux projets du comité Solidarité Québec-Bosnie. On lira, à la fin de cet ouvrage, la *Déclaration* que le comité a rédigée dans les semaines qui ont suivi sa fondation en février 1994, déclaration dans laquelle il proposait huit mesures qui, selon ses membres, étaient indispensables à une résolution juste et durable du problème de la Bosnie, ou encore appelaient les gouvernements du Québec et du Canada à intervenir de manière appropriée et honorable. Ces huit mesures n'ont rien perdu de leur pressante actualité.

Notons, enfin, que lors de nombreuses manifestations, notre comité a agi en étroite collaboration avec l'Association d'entraide Bosnie-Herzégovine. Fondée en 1992 par des membres de la communauté bosniaque, cette organisation comprend des Montréalais de toutes origines. Comme son nom l'indique, elle est avant tout « une société de bienfaisance, son but premier est de venir en aide aux victimes de la guerre en Bosnie ».

Paul Chamberland
Montréal, le 18 janvier 1995

---

9. Pour des raisons techniques, nous avons omis l'insertion des accents propres aux langues bosniaque ou croate.

I

QUESTIONS DE FOND

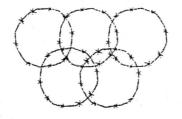

1994

NATIONS DESUNIES
DE BOSNIE - HERZEGOVINE

Design : Trio Sarajevo

Un génocide

Alain Horic

La Bosnie-Herzégovine, sa population et son gouvernement démocratiquement élu sont victimes d'une guerre d'agression, de conquête et de destruction. L'envahisseur serbe occupe 70 % du territoire bosniaque où il fait régner la terreur et l'horreur. La population musulmane est victime d'une campagne délibérée, systématique, de déracinement et d'extermination. Tout un peuple est l'objet d'un génocide barbare en plein cœur de l'Europe, qui n'a d'égal que celui des nazis.

Les Serbes procèdent sur tout le territoire conquis à l'élimination et à la chasse de la population musulmane, pratiquant les exécutions sommaires, les tueries massives, les assassinats, la torture et les mutilations sur les femmes, les hommes, les enfants et les vieillards. La Bosnie est devenue un champ de carnage de la barbarie serbe. Il ne reste que quelques poches de résistance, une dizaine de villes prises par les forces serbes dans un étau de fer, de feu et de sang, quotidiennement bombardées et pilonnées. La population civile, souffrant de famine, de froid, du manque de soins, privée d'eau et d'électricité, se défend avec des moyens artisanaux contre les assaillants serbes puissamment armés.

L'occupation serbe de la majeure partie de la Bosnie se traduisent par un bilan tragique. Le terme complaisant de *nettoyage ethnique* forgé par les instances mondiales cache cyniquement et banalise aux yeux de l'opinion

ALAIN HORIC est poète et éditeur

publique la pratique d'un génocide des musulmans de Bosnie perpétré par les Serbes. Cette guerre sauvage, d'une violence sans précédent, d'une cruauté inhumaine, a fait jusqu'ici 250 000 victimes, incluant les tués et les personnes disparues à jamais. Les Serbes pratiquent le pillage, le vol, le viol et la destruction de toute vie, de toute trace visible de présence musulmane en Bosnie, détruisant, brûlant, dynamitant et nivelant avec la terre les maisons, les monuments et les infrastructures historiques, culturelles, religieuses, sociales, financières et économiques.

Pour remonter le *moral* de leurs criminels de guerre, coupables de crimes contre l'humanité, les autorités militaires et politiques serbes incitent au viol systématique de femmes musulmanes. Plus de 50 000 fillettes, adolescentes et femmes ont été bestialement violées et la plupart aussitôt froidement assassinées. Plus de 50 000 enfants sont également assassinés. Sous la férule serbe, la Bosnie est devenue un vaste charnier, une fosse commune ensevelissant les morts et les vivants.

Sachant cette tragédie, ces crimes odieux, la communauté internationale se voile la face, se complaît dans le voyeurisme morbide, s'abrite derrière l'alibi de l'aide humanitaire qui consiste à nourrir la mort. Sa passivité, son refus de secourir un peuple en danger de mort collective, ses fourberies politiques et diplomatiques, son hypocrisie cynique, sa temporisation et ses simulacres de négociations avec les agresseurs n'ont d'autre objectif que de permettre aux Serbes d'achever leur œuvre criminelle. Son refus d'agir, de secourir et d'intervenir donne aux Serbes un signal clair qu'elle appuie la solution finale serbe face aux musulmans de Bosnie. L'Histoire et l'humanité la dénonceront à juste titre comme complice du génocide des musulmans bosniaques.

Outre son refus d'intervenir, la communauté internationale maintient l'embargo sur les armes à destination de Bosnie-Herzégovine. Ce faisant, et en sachant les agresseurs puissamment armés, l'ONU condamne les Bosniaques à l'anéantissement inexorable par la quatrième puissance militaire en Europe. En refusant de lever l'embargo sur les armes, l'ONU prive sadiquement les Bosniaques de moyens de défense légitimes. Cet embargo maintenu par l'ONU constitue à lui seul un crime contre l'humanité.

La communauté mondiale refuse de se rendre à l'évidence. Sa politique de maintien de la paix en Bosnie, où la guerre fait rage, est un échec. Elle n'a d'autre choix que d'intervenir militairement pour arrêter la guerre, faire et imposer la paix par la force pour sauver ce qui reste du peuple bosniaque menacé d'extinction par la barbarie serbe. Faute d'intervenir, l'ONU doit immédiatement autoriser les Bosniaques à recevoir des armes défensives afin de leur permettre de se battre pour leur survie. Il n'existe aucune autre solution pour restaurer en Bosnie l'ordre, la légalité et la démocratie. L'ONU ne peut maintenir plus longtemps son refus d'intervenir et simultanément interdire aux victimes de se défendre sans risquer une faillite totale de sa crédibilité et une condamnation de l'opinion mondiale pour complicité dans le génocide des musulmans de Bosnie.

La charte de l'ONU stipule qu'un pays agressé a droit à l'aide des pays membres et à la légitime défense. La Bosnie, spoliée de ces deux droits, tandis que l'agression et les massacres se poursuivent, exige de l'ONU qu'elle fasse son choix, soit la défendre, soit lui permettre de se défendre en levant l'embargo qui lie les mains de la victime face au crime du génocide prémédité et pratiqué sur sa population.

Leslie H. Gelb, chroniqueur international au *New York Times,* dans son article « Never Again » (du 13 décembre 1992), accuse l'Europe de simuler une fois de plus l'ignorance de la boucherie de musulmans en Bosnie, auxquels l'ONU interdit le droit et les moyens d'autodéfense par son embargo sur les armes. En conclusion, il porte un jugement sans équivoque : « Un jour très prochain, deux groupes de dirigeants seront accusés de crimes contre l'humanité en Bosnie, les Serbes qui massacrent les musulmans et les chefs d'État de l'Occident qui font peu pour arrêter ces innommables atrocités. »

Chronique de la souveraineté

Notes d'un journal de la guerre de Bosnie

Georges Leroux

15 juillet 1991

La République de Slovénie vient de déclarer son indépendance, le 25 juin. À la frontière croate, des barrages routiers ont été érigés. Des guérites vite bâties, des camions, des amoncellements de sacs de sable. À Velika Vas, des unités de la 580e Brigade d'artillerie de l'armée fédérale ont ouvert le feu. Mais elles se sont rapidement trouvées elles-mêmes la proie de tirs de roquettes provenant de milices slovènes. L'armée fédérale a dû battre en retraite, et les militaires ont déclaré aux journalistes que cette opération était une erreur. Comme toutes les opérations du même genre destinées à contraindre les Slovènes à renoncer à leur souveraineté. Après trois semaines d'escarmouches, on comptait une soixantaine de morts et trois cents blessés. La présidence collégiale de la Yougoslavie pose alors à la Slovénie un ultimatum : tous les barrages routiers devront être libérés dans les trois jours. Le ministre slovène de l'Information répond : « La Yougoslavie ne possède plus de frontière avec l'Autriche et l'Italie. » La tension est forte.

Je vois la photographie de soldats serbes de l'armée fédérale. Ils veulent rentrer chez eux, ils ne croient pas que ces opérations valent la peine. Ces barrages routiers ne sont pas des actions spontanées, ils résultent de plusieurs

GEORGES LEROUX est professeur au Département de philosophie de l'Université du Québec à Montréal.

mois de discussions avortées qui ont révélé le pourrissement des institutions fédérales. Pas seulement les rivalités dans les mécanismes de rotation pour les charges publiques, mais plus profondément le refus de Belgrade de comprendre que la sortie du communisme est un processus irréversible. La brèche ouverte dans le système yougoslave, cette première fissure, comment la comprendre ? Déjà, en 1990, les Slovènes avaient proposé au gouvernement de Belgrade tout un train de mesures pour réformer les structures du Parti communiste. Ces propositions avaient été rejetées. En avril 1991, un gouvernement non communiste est élu à Ljubljana qui déclare que sa législation a préséance sur toute loi fédérale.

La décision de proclamer la souveraineté est sans doute une décision explicable par toutes sortes de facteurs économiques et géopolitiques : la Slovénie est la république la mieux nantie de la fédération, elle se sent plus européenne, elle est aussi la plus homogène. Mais cette décision est également un incroyable choix politique : l'armée slovène ne peut compter que sur des effectifs réduits qui doivent tout craindre de la répression fédérale. Dans *Le Devoir* du 23 juillet, je lis une lettre de Metka Zupancic, professeure de littérature à l'université McGill. Expatriée depuis deux ans, elle exprime d'abord son désarroi. Elle ne comprend pas. Mais dans sa lettre, une chose perce : la revendication de souveraineté est le résultat d'un *nous n'en pouvons plus,* d'un étouffement. La souveraineté est une libération. Je la lis avec inquiétude : les forces qu'on croit irrationnelles sont aussi les plus évidentes, les plus radicales et dans leur radicalité elles expriment une logique. Cette logique n'est pas tant celle d'une économie soucieuse de se protéger que le mouvement d'une identité qui saisit sa chance dans un moment où l'histoire rend possible une forme de vérité pour elle. Vérité que sera la libération d'un système artificiel, rigide, impuissant à évoluer. Mais je sens que je ne suis pas prêt à recevoir cette vérité, puisqu'aussi bien je la juge immédiatement. Je la juge comme un renoncement à une forme plus rationnelle et plus abstraite d'organisation politique. Je la juge comme toute l'Europe s'apprête à la juger, sans la comprendre. Car cette libération apparaît aussi comme un abandon, le nord lâche le sud plus pauvre pour jouir de la richesse européenne.

Dans cette libération, la question centrale de la guerre de l'ex-Yougoslavie est posée : dans quelle mesure cette libération est-elle légitime ? De quelle position de surplomb ai-je le droit de chercher à évaluer le geste de la souveraineté ? Cette question se retourne contre moi, dans la logique propre de ma situation au Québec. Cette question possède en effet deux versants, et il n'est pas facile de prendre position ni sur l'un ni sur l'autre. La légitimité est d'abord celle qui doit caractériser l'autodétermination, l'accès à la souveraineté, la sécession de la fédération. Cette question est une question de droit, mais elle repose sur l'ensemble de l'histoire des Balkans. Le droit est abstrait, mais l'histoire est concrète et elle soutient la volonté politique. On ne jugera pas facilement la décision des Slovènes, mais on peut la comprendre. Me reviennent en mémoire les récits de Peter Handke, parti d'Autriche à la recherche de ses origines slovènes. Il y a cependant une autre face de la légitimité, qui est son aspect moral : si on considère les conséquences de la destruction du lien fédéral, on voit la force des arguments provenant d'une position extrinsèque, tout aussi abstraite que le droit, et liée essentiellement à l'idéologie universaliste du fédéralisme. Liée aussi à l'idéal de solidarité d'une expérience marxiste de quarante années. La grandeur de l'idée qui voit dans le dépassement de la nation l'idéal de l'humanité ne sera pas facilement sacrifiée. Il fallait que cet idéal ait perdu toute vitalité, qu'il se soit transformé en un insupportable carcan, qu'il soit devenu la prison des peuples.

La sécession sera jugée durement et toute l'Europe, déjà, s'engage sur cette voie d'une répréhension morale de la séparation. De la manière la plus improbable, elle invoque la rhétorique fédérale d'un socialisme honni et méprisé pour condamner la dissolution d'une expérience que tout dans l'histoire européenne vient contredire. Cette hypocrisie mettra du temps à apparaître pour ce qu'elle est : une stratégie d'auto-protection, un repli, une lâcheté. Pour qu'il ait lieu, le débat devrait trouver un espace, mais cet espace est déjà saturé par les nouvelles frontières de la Slovénie. L'aspect irrécusable de ce tracé, de ces barrages routiers, exclut toute espèce de reconsidération morale d'une décision qui est d'abord une décision politique. Cette frontière est autrement plus dure, elle sépare la rationalité abstraite qui a présidé à l'élaboration de la Yougoslavie (rationalité cautionnée par une morale qui consiste à faire plier le particulier et à ne sanctionner que l'universel) d'une volonté politique d'affirmation. Cette volonté ne peut pas être jugée, elle ne veut pas l'être. Dans ce pas vers la souveraineté, l'Europe communautaire voit une régression. Ce jugement n'a pour lui que l'apparence de la raison, mais quand il se formule pour la première fois, notamment en réprimandant la reconnaissance allemande des républiques, reconnaissance jugée trop rapide et surtout irresponsable, il est porteur d'une idéologie dont la noblesse fait écran au réel des nations. Le mot tribu n'a pas encore été prononcé, mais on sent confusément que la condamnation de l'affirmation slovène va bientôt en faire le pivot de la rhétorique européenne.

2 novembre 1991

La Croatie a déclaré son indépendance le même jour que la Slovénie, mais sa situation est autrement plus exposée. Non seulement parce que ses frontières avec la Serbie se moulent sur les enclaves de la Krajina, mais surtout parce que sa frontière maritime est si vaste. Le front de mer croate exclut pratiquement les accès de la Bosnie et de la Serbie. Le siège de Dubrovnik était-il inévitable ? Je regarde à la télévision les fumées épaisses qui montent de ces remparts où je me suis promené. Mes souvenirs sont précis, une tristesse indescriptible s'empare de moi à l'idée de la menace qui pèse sur la ville. Les pierres en sont si vieilles, elles sont aussi lisses qu'aux abords de l'Acropole. Les obus qui tombent sur la vieille cité romaine sont le signe qu'une limite impensable a été franchie : la rage du gouvernement de Belgrade, qui est aussi son impuissance devant la décomposition de la Yougoslavie, fait entrer la guerre dans une deuxième phase, qui sera beaucoup plus meurtrière que la première.

Dans le village de Petrinja, le journaliste français Pierre Blanchet est assassiné au volant de sa voiture par un tireur embusqué. Au plus loin que je puisse remonter, c'est la première trace de ces meurtres qui vont se généraliser. Cette guerre sera une guerre aveugle, où des *snipers* prendront dans leurs mires des cibles impuissantes. Petrinja a succombé et se trouve désormais de l'autre côté de la ligne de feu, en territoire serbe. La Serbie a laissé tranquille la Slovénie, où elle n'a pas de minorité menacée. La sécession de la Slovénie n'était de fait que la séparation d'une république composée d'une population homogène. Dans le principe comme dans le fait, cette homogénéité a des conséquences importantes sur le jugement qu'on voudra ensuite porter sur la légitimité de l'affirmation nationale : parce qu'elle était plus facile, était-elle plus légitime ? Mais en Croatie, les souvenirs des massacres des oustachis durant la Seconde Guerre mondiale constituent des plaies facilement ravivées. Les tensions avec la minorité serbe ne se sont jamais résorbées. La souveraineté de la Croatie obéit à une logique qui fait fond sur les mêmes arguments qui ont guidé la Slovénie : comme elle, la Croatie se sent européenne. Moins riche que la Slovénie, elle n'en constitue pas moins la république où le revenu par habitant est, comme en Slovénie, plus élevé que cinq cents dollars par mois. Au Kosovo, par comparaison, ce revenu est de deux cent cinquante dollars par mois.

Au-delà de l'argument européen, il faut cependant tenir compte d'un nationalisme croate qui n'est pas de la meilleure veine. La légitimité de la sécession sera ici cruellement jugée par l'Europe, quand la Serbie, exacerbée par le discours nationaliste du président serbe Milosevic, commencera à mettre la Croatie à feu et à sang. Il est sans doute impossible de juger, encore une fois, la rationalité d'une réaction qui est d'abord une angoisse proche de la panique. Car derrière la rhétorique nationaliste et défensive de Belgrade, c'est l'humiliation serbe qui montre sa figure crispée, le souvenir des atrocités du régime croate de Pavelic. L'inscription de la haine est profonde, la blessure ne s'est jamais refermée. Et voici que l'indépendance de la Croatie vient l'ouvrir. Cette proclamation de souveraineté joue dans le fantasme serbe, elle l'échauffe d'autant plus facilement qu'elle est soutenue par la revendication de la Grande Serbie. Sa légitimité représente donc un cas de figure beaucoup plus complexe que celui de la Slovénie : ce n'est pas seulement un morceau qui se détache, mais une fracture qui remet en jeu à la fois l'histoire et l'idéologie d'une rationalité supranationale. C'est tout le principe de la mixité sur lequel se fondait la Yougoslavie qui est percuté par une revendication de souveraineté dans laquelle les dimensions du nationalisme ethnique ne jouent pas un rôle mineur. Ces deux dimensions, le spectre des anciens massacres aussi bien que le dogme universaliste sur lequel se fondait le pacte yougoslave, sont actives dans la violence de la réaction de Belgrade : la guerre de Croatie sera d'une cruauté sans pareil. En novembre, trois cent mille personnes sont chassées de leur foyer, le nombre des morts dépasse la dizaine de milliers.

C'est le siège de la ville de Vukovar qui constitua l'épreuve décisive. De cette belle ville des Habsbourg, il ne reste aujourd'hui que des ruines. On les voit dans le film qu'y tournera plus tard Michael Ignatieff pour le compte de la télévision britannique. Le siège commença au mois d'août et dura jusqu'au 18 novembre. En tombant, Vukovar montrait à la face du monde les conséquences du jugement européen sur la souveraineté des républiques du nord : une guerre meurtrière allait non seulement demeurer impunie, mais elle ne serait même pas condamnée et la Serbie allait puiser dans cette première victoire l'énergie d'une violence inouïe en Bosnie-Herzégovine. C'est Vukovar qui fut pour l'Europe le moment où se détermina par la négative une forme de nihilisme que rien par la suite n'allait démentir : en s'abstenant d'intervenir à Vukovar, l'Europe cautionnait non seulement le délire du gouvernement de Belgrade, mais elle jugeait la revendication de souveraineté. Elle la condamnait, elle l'abandonnait. La Croatie devenait l'exemple honni de la résurgence des tribus. Mais ces quelques mois de guerre avaient suffi à faire oublier les éléments déclencheurs.

Pourquoi, en effet, les Serbes avaient-ils refusé de laisser élire, en mai 1991, le Croate Stipe Mesic à la présidence collégiale de l'État fédéral ? La réponse est connue : parce que l'élection de Franco Tudjman en Croatie l'année précédente représentait pour les Serbes le retour de l'idéologie nationaliste croate. Faut-il rappeler que ces élections croates de mai 1990 étaient les premières élections libres depuis 1938 ? Le nationalisme croate a donc pris le chemin de l'affirmation de la souveraineté dans une tension avec la Serbie dont il ne pouvait sous-estimer la profondeur. On se trouve ici sur un plan où la légitimité de la souveraineté ne peut être dégagée d'une histoire de haine. Mais on se tromperait si on mettait entièrement sur le compte de la peur ce qui doit aussi être reconduit au projet national de la Grande Serbie : l'agression serbe en Croatie ne peut pas être considérée seulement comme une action de défense de ses minorités, elle est aussi et sans doute principalement la décision politique de Belgrade de profiter de cette peur pour faire progresser l'idée de la Serbie. Là aussi, l'espace du débat démocratique s'est trouvé bloqué, annulé par la conjonction d'une panique alimentée par l'histoire et d'un projet totalitaire conçu comme une vengeance.

Le 2 novembre, je lis dans *Le Devoir* une analyse signée par Alain Horic, écrivain québécois d'origine croate. Il parle du déclenchement du plan RAM, qui armera les Serbes de Croatie et de Bosnie en vue de la réalisation de la Grande Serbie. Je rencontre pour la première fois le nom de Radovan Karadzic, leader du parti démocratique serbe de Bosnie, appelé à jouer un rôle funeste dans la suite de la guerre. Cette analyse était lucide, elle prévoyait que la Serbie allait porter la guerre en Bosnie. J'y retrouve une position qui sera celle d'Alain Finkielkraut : le mondialisme condamne aveuglément les aspirations légitimes à la souveraineté ; en les qualifiant de revendications tribales, ethniques, il produit une rhétorique puissante dont l'effet le plus net est d'identifier au fascisme les mouvements qui sont précisément opprimés par le fascisme. Cela, la suite de l'histoire le montrera abondamment. Mais à l'automne 1991, les camps de concentration ne sont pas encore connus, l'épuration ethnique n'a pas fait surface dans les médias, il est encore aisé de faire une équation entre nationalisme et fascisme qui s'alimente aux souvenirs atroces des complicités nazies en Croatie. Les mécanismes de l'idéologie sont pervers : en désignant les victimes comme des coupables, la rhétorique européenne occulte la responsabilité de la dictature de Belgrade.

6 avril 1992

À moins d'en avoir été le témoin direct, on ne saura jamais vraiment ce qui s'est passé à Sarajevo ce jour-là. Les leaders du Forum pour la démocratie avaient convoqué par la radio toute la population de Bosnie à venir manifester à Sarajevo contre la mainmise des communistes sur le Parlement.

En décembre 1991, l'Allemagne avait reconnu les républiques de Croatie et de Slovénie, suivie en janvier 1992 par la Communauté européenne. Après le référendum du premier mars sur l'indépendance, la Communauté va également reconnaître la Bosnie comme république souveraine. Les États-Unis, qui avaient tardé à s'aligner, vont cette fois procéder rapidement : ils reconnaissaient d'un même coup la souveraineté de la Slovénie, de la Croatie et de la Bosnie-Herzégovine. À Belgrade, cette nouvelle reconnaissance va accélérer un processus qui était déjà en cours. Non seulement la volonté politique du président bosniaque Izetbekovic sera-t-elle décrite comme projet d'établir un État musulman fondamentaliste, mais la défense de la minorité serbe sera de nouveau, comme en Croatie, l'argument principal pour faire progresser l'idéologie de la Grande Serbie. À la différence cependant de la Croatie et de la Slovénie, la Bosnie a toujours constitué une république mixte, métissée. On ne peut parler à son sujet d'un nationalisme ethnique et la revendication de souveraineté s'établit donc sur des bases entièrement différentes : il est absurde de considérer que ces bases pourraient être celles de la majorité musulmane.

Dès le début, la Bosnie proclame haut et fort son désir d'unité. La souveraineté doit rendre possible le maintien de l'expérience bosniaque d'une fraternité à la fois religieuse et politique. C'est ce message que la manifestation du 6 avril doit porter : la Bosnie refuse que soit déportée sur son territoire la haine atavique qui a fissuré la Croatie. La volonté populaire veut rétablir un parlement représentant les trois partis (serbe, croate et musulman), elle veut proclamer son idéal d'unité et de pluralisme et elle veut protester contre les menées serbes sur le territoire, depuis que les députés serbes ont quitté le Parlement. Les trains sont bondés de gens qui viennent à Sarajevo dans cet après-midi du 6 avril. Je n'ai pas regardé les images qui défilaient à la télévision, ce n'est que plus tard que j'ai pu en recueillir le récit. En préparant un travail pour la radio, j'ai rencontré un réfugié de Sarajevo au Québec, Emil Vlaiki. Professeur de science politique à l'Université de Sarajevo, il s'était engagé dans les activités du Forum pour la démocratie. D'origine croate, il était comme la plupart des Bosniaques désireux de ne pas troquer son attachement à la Bosnie contre une identité qui le replierait sur son origine. Je l'ai rencontré une première fois à l'occasion d'une conférence organisée par mon collègue Jacques Lévesque. Il avait alors expliqué la genèse historique de la dissolution de la fédération. Je l'ai retrouvé ensuite deux fois, pour recueillir son témoignage. Sur la table de sa chambre d'hôtel, je vois des exemplaires de ses livres sur la passion politique. Ce témoignage corrobore partiellement celui qui a été donné par le Général canadien Lewis MacKenzie dans le livre qu'il a publié après la fin de son mandat comme chef de la FORPRONU à

Sarajevo. Alors que la foule manifestait sur la place de l'Assemblée nationale, des tireurs embusqués sur le toit de l'hôtel Holiday Inn se sont mis à faire feu. La panique qui suivit fut effroyable. La manifestation se dispersa et le dernier effort pour maintenir l'unité démocratique de la Bosnie fut noyé dans le sang. Selon le général MacKenzie, les tireurs appartenaient à des milices serbes. Il était lui-même dans cet hôtel où la FORPRONU occupait des locaux et il décrit comment, de sa fenêtre, il pouvait voir la foule se diriger vers l'hôtel. En même temps, il pouvait suivre à la télévision les images retransmises par la chaîne CNN. Selon le professeur Vlaiki qui était dans la foule, il s'agissait de tireurs à la solde des députés nationalistes du Parlement qu'on ne saurait identifier nettement comme des serbes. Contre l'établissement d'un pouvoir démocratique par le Forum populaire, ils auraient, pour maintenir leur position, eu recours à une action terroriste. Ce point est problématique mais il n'a pas une importance déterminante, compte tenu du fait que déjà, depuis plusieurs mois, les milices serbes, soutenues par le pouvoir de Belgrade, avaient entrepris de briser le mouvement populaire en Bosnie. Que ces milices aient été ou non les seuls déclencheurs de la guerre totale qui s'amorça le 6 avril n'est finalement qu'une question marginale. C'est le fait lui-même qui peut servir de révélateur au moment de chercher à comprendre le sens de la revendication nationale en Bosnie.

Inextricablement complexe, la situation permet néanmoins de formuler deux constats généraux. Le premier peut être construit à partir de l'analyse historique : la genèse du conflit en Bosnie n'est pas purement endogène, la revendication de souveraineté ne pouvait pas ne pas se briser sur les écueils mêmes qui avaient ruiné la Croatie. La guerre de Bosnie ne résulte pas en effet d'une résistance interne à la souveraineté nationale, qui paraît au contraire la seule garantie viable de l'unité de l'expérience bosniaque, mais plutôt de l'importation sur son territoire des menées guerrières qui ont suivi la dislocation du territoire de la Croatie. Et dans ce développement, le nationalisme croate ne peut être considéré comment innocent, puisqu'il a forcé, en s'exacerbant sur le territoire croate, une redéfinition ethnique de la population de la Bosnie. Qu'allaient donc faire les Croates de Bosnie, suite au démantèlement de la Croatie, quels scénarios géopolitiques allaient-ils adopter devant les ambitions territoriales de la Serbie ? L'écartèlement des Croates de Bosnie entre une fidélité à la patrie croate et une allégeance historique, nouvellement sollicitée, à la République de Bosnie constitue une des situations les plus déchirantes de cette guerre. Cette ambivalence n'a cessé de structurer les tensions entre musulmans et Croates, chacun comprenant toujours trop tard que la survie de sa communauté se trouve finalement au-delà du compromis, au-delà de l'alliance. L'histoire de ces revirements nous intéresse sans doute moins que le principe qu'elle illustre : dans la guerre de Bosnie, le nationalisme, quelles qu'en soient les formes, finit par triompher d'une définition de la nation qui dépasse l'appartenance ethnique. Cette situation résulte d'une contagion, même si d'aucuns ont prétendu que la maladie n'avait jamais été éradiquée. Ce qui est sans doute vrai de l'ensemble de l'ex-Yougoslavie, le fait qu'elle ait été le résultat d'un assemblage forcé d'entités que rien ne destinait fondamentalement à s'unir, cela n'est pas vrai de la Bosnie : c'est le nationalisme serbe et croate qui a dépecé la Bosnie. La revendication de souveraineté a constitué en Bosnie un réflexe défensif, mais ce réflexe est venu trop tard. L'Europe avait laissé faire à Vukovar, les Nations unies avaient installé en Croatie des frontières artificielles qui amputaient le territoire au profit de la Serbie, consacrant ainsi dans les faits ce qui avait été acquis par la force. Tout cela rendait impossible le maintien de l'intégrité non seulement territoriale, mais politique et spirituelle de la Bosnie.

Dans cette guerre, ce ne sont pas seulement les horreurs qui laisseront leurs traces, mais le fait que ce nationalisme a réussi à tuer une culture fondée sur les principes mêmes de l'Europe. Ce nationalisme a tué l'expérience bosniaque au vu et au su de la communauté internationale, au mépris de tous les principes de la démocratie et en toute impunité. Il a commencé par les tirs du 6 avril 1992 sur une population mélangée et désarmée, il a continué sans faillir et sans qu'on l'arrête. Mais était-il possible de l'arrêter, dès lors qu'on avait laissé faire à Vukovar ? Le manque de résolution internationale se manifeste précisément dans cette situation originaire : c'est d'abord l'hésitation à se poser face à la revendication nationale qui paradoxalement a entraîné l'horreur du nationalisme.

Et ceci rend possible un second constat : je le reprends de la réflexion d'Alain Finkielkraut, avec laquelle je ne cesse de me débattre depuis que je me suis engagé moi-même dans le travail de comprendre cette guerre, de m'expliquer avec mon propre désarroi devant la ruine d'une idée. Dans le démantèlement de la Yougoslavie, est-on justifié de regretter la perte d'un idéal cosmopolite, transnational auquel toute l'idée européenne de l'humanité depuis Husserl nous fait aspirer ? Le jugement porté sur la sécession de la Slovénie et de la Croatie ne veut rien comprendre de la nécessité du sol et de la patrie. Il condamne la revendication nationale au nom d'un idéal cosmopolite que par ailleurs il ne pratique pas dans les faits. Ni la France ni l'Allemagne ne voudraient d'un lien fédéral comme celui qu'elles se sentent en droit de prescrire à la Yougoslavie. Et néanmoins cet idéal vient hanter toute la réflexion de celui que le nationalisme rend perplexe : ce nationalisme se présente comme le *pharmakon* de Platon, il est à la fois le remède et le poison de l'existence politique. Finkielkraut cherche une position qui soit juste, c'est-à-dire fondamentalement fidèle aux exigences les plus profondes de l'identité, mais il ne peut éviter de reconnaître le péril auquel expose la revendication de l'identité dans un contexte politique où elle dérape et perd le contrôle. Cet équilibre est-il possible ? Dans sa discussion des positions tenues par l'équipe des *Temps Modernes* et publiées dans un éditorial de juin 1993, Finkielkraut accentue peut-être démesurément la légitimité de la revendication nationale. D'abord publié dans sa revue, *Le Messager européen*, son texte reparaît sous la forme d'un petit livre aux éditions Arléa. Quand je le rencontre en juin dernier, je sens que cette position représente une forme de déchirement. Elle constitue en fait pour Finkielkraut une décision qui lui permet de rompre avec l'ambivalence européenne qui n'a apporté jusqu'ici que la mort. Je relis son livre et je reprends contact avec le désir de vie que porte la souveraineté. Je ne suis pas certain de pouvoir le lire sans chercher à interpréter mon propre désir de vie, ce qui éclaire pour la première fois pour moi le sens de la perte qui s'abat sur nous quand je vois la destruction de Sarajevo.

23 novembre 1994

Est-il encore possible de clarifier les processus d'idéologisation, processus complexes et qui sont surtout l'objet d'une évolution rapide, dans la guerre de Bosnie ? Par idéologie, je veux désigner les principales stratégies qui nous servent à interpréter les événements de la guerre sur le plan de la morale politique, ou plus simplement sur le plan des idéaux que nous soutenons ou des abominations que nous réprouvons. Si je juge la souveraineté, j'évalue une position qui est à la fois morale et politique. Si j'accepte de parler de morale politique en termes d'idéologie, c'est précisément pour rendre possible la mise en question à laquelle je veux me livrer. Pour toutes les positions que nous défendons, autant sur le plan des idées que dans le récit des faits, nous devons chercher à voir s'il existe une position contraire. Cet exercice n'est pas facile, mais il me semble salutaire de le faire à un moment où le sens de la guerre est en train de tourner, où les évidences du début se transforment en ambiguïtés et où la lucidité devient peut être une tâche impossible. Par exemple, contre ou par-delà le cosmopolitisme qu'il nous semble naturel de soutenir, j'ai évoqué la position d'Alain Finkielkraut qui défend la légitimité du sol et de la patrie. Surtout exprimé à l'égard de la revendication croate, cet argument, s'il est généralisé, devient aussi un argument pro-serbe et pro-musulman. Est-il possible d'en limiter la portée ? Cet argument se fonde sur des prémisses profondes qui empruntent à la fois à l'idéologie française paysanne, représentée récemment dans l'œuvre de Finkielkraut par son attachement à Péguy, mais surtout et fondamentalement, à des positions heidegerriennes néo-romantiques. La tension entre cette position et un cosmopolitisme idéal se trouve au foyer de tout jugement de morale politique. Elle contribue à mettre en relief les stratégies d'interprétation qui sont à l'œuvre dans l'idéologisation de la souveraineté et à ne pas confier à une seule interprétation le sens de toute la guerre de Bosnie. L'oscillation de Finkielkraut est fertile, elle est authentique.

Notre jugement sur les faits de la guerre est en effet sans cesse sollicité, nous l'exerçons en nous fondant sur des sources d'information qui sont partielles et nous ne sommes pas enclins à mettre en question le privilège de nos idéaux quand ils sont démentis sur le terrain. En poursuivant cette chronique de la souveraineté, je cherche à occuper une position qui ne diabolise pas les enjeux de cette guerre. Je ne veux pas non plus, en allant dans une direction différente, parvenir à un point où il faudrait exiger un héroïsme qui confine à la sainteté, exiger par exemple de la victime qu'elle tende le cou au bourreau et ne réplique jamais.

Même si la guerre de Bosnie semble le fait du mal le plus radical, même si on peut parler à son sujet de démons et de forces irrationnelles, la tragédie qu'elle représente constitue l'expression de réactions en un sens rationnelles au déploiement de la souveraineté nationale, à l'extension de l'identité et aux fantômes qu'elle produit, à l'inflation de la différence. Cette tragédie nous force à considérer les conséquences du nationalisme dans les systèmes où il intervient, et pas seulement les arguments de sa légitimité. Le jugement que nous portons sur le mal et sur l'irrationnel n'est sans doute lui-même que l'expression de notre propre désir de raison et de justice, et il n'est que naturel qu'il soit alimenté et même structuré par l'idéologisation de cette guerre. Mais nous devons nous méfier de cette idéologisation, elle n'est pas a priori cohérente. Sa structure paraît en effet double. D'une part, nous valorisons l'expérience cosmopolite de Sarajevo, nous l'idéalisons comme le ferment même de la culture européenne : tout ce qui contribue à détruire cet idéal ne peut être que la négation de notre propre culture démocratique et donc de notre propre idéal moral. Et nous avons tendance à projeter l'idéal de Sarajevo sur l'expérience fédérale de la Yougoslavie. Mais cette idéalisation se heurte à un argument nationaliste comme celui de Finkielkraut : le fédéralisme était artificiel, l'attachement national était seul profond. Même Michael Ignatieff, dans sa récente série sur le nationalisme, ne s'est pas montré insensible à cette logique, en particulier lors de son voyage de retour en Ukraine, patrie de ses grands-parents. Hostile au point de départ au nationalisme, il revient de son voyage troublé par la force du sentiment national. D'autre part, nous reconnaissons la légitimité du processus de la souveraineté nationale qui a conduit à l'indépendance les républiques de Slovénie, de Croatie et de Bosnie-Herzégovine. L'agression, nette et indubitable, du gouvernement de Belgrade — chaque fois plus violente en Slovénie, en Croatie et finalement en Bosnie —, dans la mesure où elle constitue la violation directe de la revendication démocratique de la souveraineté, n'est pas dès lors principalement interprétée comme négation du cosmopolitisme ; elle doit d'abord être interprétée comme agression à l'égard de la démocratie.

Il est difficile de mesurer la cohérence de ces positions morales et politiques sans faire intervenir les arguments qui les soutiennent. Soutenir le fédéralisme, et fondamentalement le cosmopolitisme, peut en effet conduire à désavouer la revendication nationale au nom d'une rationalité qui paraît supérieure. C'est en gros la position de la revue *Les Temps Modernes*, dans cet éditorial de juin 1993 qui fut au point de départ de la prise de position de Finkielkraut. Quand nous entamons la réflexion sur ces arguments (et j'insisterais sur la possibilité de conserver une lecture de cette guerre qui considère que la force leur est assujettie, que cette guerre n'est pas seulement l'exercice aveugle d'une violence brutale), on voit que leur sens varie selon qu'il s'agit de la Slovénie, de la Croatie et de la Bosnie. On l'a vu, la souveraineté de la Slovénie était d'autant plus facile à réaliser que sa population était plus homogène. Son indépendance, qui suscita à Belgrade la crainte, trop réelle, de la dissolution de la fédération, se fit au prix d'une guerre courte. Par ailleurs, cette dissolution même paraissait dénouer de manière rationnelle un fédéralisme artificiellement maintenu par le régime de Tito.

Le cas de la Croatie est beaucoup plus complexe. La légitimité de la revendication nationale, acquise par le processus démocratique, allait à l'encontre, comme en Slovénie, de l'expérience fédérale, mais elle ressuscitait par ailleurs les pires appréhensions sur le traitement anticipé qu'allait réserver la majorité croate à la minorité serbe, notamment dans la Krajina. Ce point est majeur : d'abord dans les faits, puisqu'il a conduit à une guerre violente et à l'ablation d'environ un tiers du territoire croate, symbolisée dans la victoire serbe lors de la destruction de Vukovar ; mais surtout dans ses conséquences. Non seulement la nouvelle frontière est-elle artificiellement maintenue par la FORPRONU, mais encore le discours serbe, systématiquement occulté dans la presse, s'est-il justifié en montrant lors du siège de Vukovar à quel point cette guerre était de son point de vue fondée. Nous touchons ici le point névralgique pour l'interprétation de la suite. Si nous voulons être cohérents, nous ne pouvons pas continuer à idéaliser dans l'ex-Yougoslavie une expérience cosmopolite qui n'a pas su résister démocratiquement au premier ébranlement de la Croatie. L'argument de Finkielkraut repose en effet sur une prémisse capitale : si le cosmopolitisme était enraciné dans l'histoire de la Yougoslavie de l'après-guerre, l'expérience fédérale aurait dû avoir la force nécessaire pour résister aux forces de l'atavisme ethnique lors de l'indépendance de la Croatie. Les faits montrent le contraire : selon la presse occidentale, la violence des Serbes était excitée par une idéologie nationaliste, faite à la fois d'une terreur panique au souvenir de la Seconde Guerre mondiale et d'une exaltation du nationalisme de la grande Serbie. Le cosmopolitisme était impuissant à contenir ces forces là.

Quand nous faisons l'effort de lire le point de vue serbe, non seulement dans les discours de Milosevic, édités par l'éditeur suisse d'origine serbe, V. Dimitrievic, mais dans la presse d'orientation serbe, nous sommes forcés de constater la réalité du nationalisme croate et des violences auxquelles il est attaché. La traduction des écrits du président Tudjman, leur orientation profondément antisémite, l'orientation autoritaire du gouvernement de Zagreb ne sont sans doute pas des éléments suffisants pour croire la propagande de Belgrade, mais il y a assez d'indices pour déstabiliser une interprétation purement diabolique de la guerre de Croatie. Dans cette deuxième phase, le travail des intellectuels, au lieu de chercher uniquement à avilir l'agresseur serbe, aurait dû être également de chercher à évaluer le caractère violent et réactionnaire du nationalisme croate. Ce travail n'a pas été fait, et maintenant ce nationalisme fait retour de la manière la plus pernicieuse, il devient rétroactivement le motif central de cette deuxième guerre. Le livre du journaliste italien Daniel Schiffer, qui véhicule largement la propagande serbe, montre à quelles conséquences conduit le refoulement dont je viens de parler. Ce qui a été tu et occulté lors de la guerre de Croatie devient la raison même de la violence en Bosnie. Quand Schiffer décrit par exemple les atrocités croates sur la minorité tenue en otage lors du siège de Vukovar par le parti HOS de Paraga, aile néo-nazie du parlement de Zagreb, il fait voir que la postérité de l'idéologie des oustachis n'est pas seulement le fantôme de la souveraineté croate, mais en quelque sorte sa réincarnation. La purification ethnique, autre maître mot de l'idéologisation de cette guerre, n'est pas seulement le fait des Serbes en Bosnie ; elle a contaminé toute la Croatie. Il en est de même pour les camps de concentration : Schiffer a visité en novembre 1992 le camp de Manjaca, en compagnie d'Elie Wiesel, camp où il a vu les prisonniers musulmans aux mains des autorités serbes, mais il a vu aussi des camps croates, Livno, Orasje. Il cite des camps musulmans : Zenica, Tarcin, Konjic, Visoko. Artisan de la libération, en décembre 1992, du camp de Manjaca, en contrepartie d'une libération symétrique des camps croates et musulmans, il se dit tragiquement déçu de ce que l'accord qu'il avait préparé à Genève ne fut pas respecté : les serbes libérèrent leurs prisonniers, qui dans certains cas retournèrent sur le front contre eux, alors que les Croates et les musulmans ne libérèrent personne. Dans ce récit sympathique aux positions serbes, un écrivain juif, confident du président Dobrica Cosic, nous invite donc à considérer un point de vue qui n'est pas seulement de la propagande.

Peut-on poursuivre cette réflexion de manière plus concrète au sujet de la guerre de Bosnie, guerre qui fut entièrement contaminée par les conséquences de la guerre de Croatie ? Est-il possible d'interroger notre soutien spontané à l'idéal cosmopolite de la Bosnie sur tous les plans où il pourrait apparaître comme une illusion ? Est-il même possible de le faire sans ouvrir la porte à un relativisme risqué, qui n'arrive plus à distinguer la victime de l'agresseur ? Pour n'avoir pas bien fait l'analyse de la guerre de Croatie, nous sommes privés de beaucoup d'instruments pour comprendre celle de Bosnie. Il est néanmoins urgent de proposer cette mise en question : la Bosnie est entrée dans une phase de palestinisation dont nul ne peut prévoir le terme et il ne sert à rien de maintenir son regard fixé sur une idéalisation qui ne repose plus sur quelque fondement que ce soit. Le nationalisme, à la fois croate et serbe, a infecté entièrement la Bosnie, il a stimulé la croissance du fondamentalisme musulman et l'idéal cosmopolite représenté par Sarajevo n'est désormais qu'une braise mourante sous un amas de cendres.

Nos questions doivent donc se formuler sur deux plans. Premièrement sur le plan de l'affrontement inévitable entre les thèmes centraux de l'idéologisation de la guerre, qui révèlent en Bosnie leur incompatibilité. Ici, le désir légitime et fondé de souveraineté nationale pousse à considérer l'idéal cosmopolite comme l'idéologie sociale d'une population débranchée de la réalité politique nationale. Sur ce plan, on peut en effet faire l'hypothèse que le cosmopolitisme de Sarajevo n'était qu'un phénomène urbain concentré et qu'il ne s'étendait nullement à la périphérie et a fortiori aux régions de campagne, dans lesquelles s'étaient maintenues des tensions ethniques profondes. Autrement, il aurait résisté. À cet égard, cet idéal pourrait n'être que la projection de notre propre désir d'une société civile métissée, désir qui fait l'impasse sur la réalité des tensions dans une société réelle. Plusieurs éléments ici mériteraient discussion. Le plus important est bien entendu celui de la réalité historique du cosmopolitisme en Bosnie. Était-il artificiel ? Était-il étendu ?

Le deuxième plan est celui de la vérité et de la propagande. N'est-il pas nécessaire d'accepter de mettre en question l'idéalisation que nous faisons d'une situation de guerre où nous exigeons une séparation tranchée du bien et du mal, de la victime et de l'agresseur ? Du moment que nous acceptons cette mise en question, dès que nous entrons dans le discours de la responsabilité partagée, la vérité cesse d'être disponible : aucune règle ne peut être fournie pour interpréter les événements qui se produisent sur le terrain de la guerre si, comme Finkielkraut l'a souvent dénoncé, on renvoie dos à dos victime et agresseur comme des parties dans un conflit. La guerre devient alors une simple guerre civile. L'est-elle vraiment, voulons-nous le croire ? Cette seconde mise en question est aussi radicale que la première, car elle nous oblige à démythologiser tout l'appareil interprétatif de la guerre de Bosnie : purification ethnique, viol systématique, idéologie de la Grande Serbie sont alors mis au rang de concepts idéologisés, fortement construits soi-disant par la propagande bosniaque, alors que le discours serbe, en provenance de Belgrade, nous invite à entendre une autre idéologisation, celle du fondamentalisme musulman. Cette double stratégie est à l'œuvre dans la guerre de Bosnie et elle se modifie lentement depuis que sur le terrain la violence de l'action militaire serbe a entraîné une restructuration symétrique des Bosniaques musulmans et ultimement le renforcement d'une idéologie identitaire sans doute marginale au point de départ, la crispation fondamentaliste des musulmans. Pour comprendre cette évolution, il faudrait revoir ici l'ensemble du processus qui a déporté, de Croatie, la guerre en Bosnie-Herzégovine.

J'ai placé sur ma table deux photographies : la première montre deux enfants à la fenêtre, leur regard est mort, et je pense à ce que je dis quand je dis qu'ils sont des enfants de Sarajevo. L'autre montre l'intérieur de la bibliothèque de Sarajevo, éventrée. On s'y trouve comme sur une scène que les acteurs auraient désertée. Je pense aux livres, je pense à Maïmonide et à Avicenne, je pense à Palamas. La mélancolie de l'unité et de la fraternité ne vient-elle pas subvertir, miner par le fond, le désir illusoire d'être soi ?

Le rôle du Canada

Stephen Albert

EN GUISE D'INTRODUCTION

Une puanteur effroyable, odeur caractéristique des hommes qui pourrissent vivants, nous saisit à la gorge, parmi ces corps en décomposition. Ces hommes sont nus, ou ne portent qu'une vague chemise en loques, sanglante, qui leur arrive au milieu de corps. Ils sont, pour la plupart, couverts de plaies, nous voyons d'effroyables doigts rongés, des pieds sanguinolents. Seule, la tête semble énorme comparée au corps. Ces hommes n'ont plus rien d'humain, ils ressemblent à une espèce de serpent, n'ayant plus de torse, ni fesses, mais des bras, des jambes et c'est tout. Seuls les yeux et les mâchoires ont un aspect humain.

JEAN-BAPTISTE LEFEBVRE,
texte inédit sur la libération de Buchenwald,
dans David Rousset, *Les jours de notre mort*[1]

La découverte des camps de la mort nazis est un des rares événements dans l'histoire humaine qui a touché la conscience de toute une génération et secoué la société dans ses convictions les plus profondes. L'image insoutenable des squelettes vivants d'Auschwitz, de Treblinka et de Buchenwald a façonné la conscience politique du monde de l'après-guerre. Des phénomènes aussi différents que la création d'Amnistie internationale et de Médecins sans frontières, la ratification de la convention contre le génocide, les protestations

---

STEPHEN ALBERT est historien.

1. p. 423.

contre les guerres d'Algérie et du Viêt-nam, l'appui aux Juifs soviétiques et au mouvement des droits de l'homme en URSS ont tous manifesté une nouvelle façon de voir le monde. La dénonciation de l'horreur par les mouvements populaires est alors devenue un facteur déterminant dans la formulation de la politique étrangère des démocraties occidentales.

Les intellectuels, les journalistes et les militants des droits de l'homme étaient profondément convaincus que les images et l'indignation publique pouvaient empêcher d'autres Auschwitz, d'autres goulags. La liberté d'information qui a triomphé de la désinformation totalitaire était tenue par plusieurs observateurs pour l'un des facteurs importants de l'effondrement de l'empire soviétique. Pourtant, la publication en août 1992 de photos des prisonniers du camp de concentration serbe d'Omarska n'a pas ému l'opinion publique ou fait bouger nos gouvernements. On aurait pu mettre cette photo à côté d'une photo des rescapés de la Shoah sans que personne puisse faire la distinction.

Les assassins nazis ont tout fait pour cacher la portée de leur œuvre. Ils ont déguisé les chambres à gaz en douches, laissé entendre à leurs victimes qu'elles seraient rapatriées à l'Est, et détruit les comptes rendus des réunions où ils avaient conçu la *solution finale*. Les historiens peuvent encore se demander si la cruelle indifférence de l'Occident tenait de l'ignorance ou de l'antisémitisme. La destruction de la Bosnie-Herzégovine ne peut donner lieu à de telles excuses. À l'ère de CNN, les massacres sont télévisés. Si nous n'avons pas réagi devant la mort en direct, nous avons une part de responsabilité dans cette mort. Devant le tribunal de l'histoire, les individus peuvent tenter de nier leur indifférence pour la tragédie bosniaque. Ils peuvent toujours dire qu'ils écoutaient une autre chaîne. Les gouvernements n'ont pas cette excuse et leur comportement depuis le début de cette crise n'est qu'une tentative de disculpation.

Jusqu'à très récemment, l'administration Clinton s'est toujours dite prête à intervenir en Bosnie, tout en prétextant que la réticence des ses alliés l'en empêchait. Les gouvernements européens et canadien ont prétendu qu'ils ne pouvaient apporter qu'une aide humanitaire aux victimes tant que les Américains n'étaient pas prêts à envoyer leurs soldats dans les Balkans. Tous les acteurs de la farce de la politique occidentale en Bosnie pointaient les autres du doigt afin de se disculper. Ce texte tente de délimiter la part de responsabilité de notre propre gouvernement dans la tragédie bosniaque.

ACTE 1
L'HORREUR ENGENDRE LA CHARITÉ

La décision des gouvernements occidentaux d'envoyer une petite force militaire onusienne en Bosnie constituait ces troupes en otages. Ainsi, les gouvernements étaient extrêmement réticents à initier des politiques qui mèneraient les Serbes à attaquer leurs troupes vulnérables.

NOEL MALCOLM, *Bosnia, A Short History*[2]

Mise en scène : Le 6 avril 1992, la Bosnie est reconnue comme État indépendant par la communauté internationale. Plusieurs rassemblements de 50 000 à 100 000 personnes ont lieu en faveur la paix. Les francs-tireurs serbes les attaquent. Le siège de Sarajevo commence.

Au même moment, l'armée yougoslave enclenche des opérations d'*épuration ethnique* en Bosnie. Elle attaque des villages, les bombarde. Les groupes paramilitaires entrent dans les villages, violent des femmes et tuent des hommes. Le sort qu'a subi le village de Kozarac illustre le *modus operandi* des gangsters serbes. Le mardi 26 mai, Kozarac se rend. « Dans la journée du 26, les miliciens serbes passent de maison en maison, raflent des hommes de 18 à 60 ans et pillent les biens des résidents. La moitié des personnes [arrêteés] sont exécutées[3]. » Une réfugiée bosniaque à Montréal, ex-professeure à la faculté de Banja Luka, nous a raconté une histoire qui illustre l'état d'esprit des forces serbes. « Un des mes collègues, appartenant à l'Armée nationale yougoslave, est entré dans mon bureau et s'est versé un verre de sljivovica qu'il a vidé d'un seul trait. Aussitôt, il a commencé à raconter ses exploits. "Regardez ce verre, chère collègue. Il est aussi vide que le village de Kozarac." »

Sarajevo souffre le martyre, le Canada apporte la bouffe

Les trois parties au conflit devraient se mettre d'accord sur une solution constitutionnelle [au problème bosniaque].

Le général canadien Lewis MacKenzie[4]

---

2. p. 247
3. « Bosnie : l'histoire d'un assassinat », *Le Nouvel observateur*, 24-30 décembre 1992.
4. *The Globe and Mail*, 4 septembre 1993.

Le monde ne pouvait rester indifférent devant de telles horreurs. Le Canada figure parmi les premiers pays à proposer qu'on impose des sanctions à la Serbie. Le 30 mai 1992, les Nations unies votent ces sanctions. Il est évident qu'un État qui est prêt à utiliser le viol comme arme de guerre peut difficilement reculer devant des pressions aussi faibles que les sanctions. Si le régime avait mis fin à sa campagne d'épuration ethnique sans gagner la guerre, il aurait admis que ses crimes n'étaient pas justifiés. L'offensive serbe s'est poursuivie.

Le 27 mai 1992, un obus serbe tue 20 Sarajevains qui faisaient la queue pour acheter du pain. Les images de l'incident sont retransmises dans le monde entier et l'opinion publique réclame une intervention pour sauver Sarajevo.

Cet incident nous permet de rencontrer l'un des *héros* de notre pièce, le général canadien responsable des forces de la FORPRONU en Bosnie, Lewis MacKenzie. Sur la foi d'informations serbes, le général MacKenzie (qui séjournait à Belgrade au moment de l'incident) a toujours prétendu que les forces armées bosniaques avaient attaqué leurs propres concitoyens pour attirer l'attention du monde. Malgré les démentis des commandants de la FORPRONU sur place et le manque flagrant de preuves, le général n'a jamais changé d'opinion[5]. C'est au général MacKenzie, qui s'est toujours opposé à une intervention militaire en Bosnie, qu'est revenue la tâche de briser le siège de Sarajevo.

Le 26 juin 1992, le Conseil de sécurité des Nations unies adresse un ultimatum aux Serbes. Ceux-ci ont 48 heures pour mettre leur armement lourd sous le contrôle des Nations unies et cesser leurs attaques contre Sarajevo. Le 28 juin, le président Mitterrand fait une visite éclair à Sarajevo. Il a bravé des attaquants serbes qui tiraient sur son avion. Ces événements produisent leur effet sur l'opinion publique serbe : 100 000 personnes défilent dans les rues de Belgrade aux cris de « Milosevic égale Saddam ». Le régime de Belgrade risque de s'effondrer.

Sous la pression de l'opinion mondiale, les milices serbes acceptent de rouvrir l'aéroport de Sarajevo. Les troupes canadiennes de la FORPRONU qui ont pour mission d'ouvrir l'aéroport partent de Daruvar, en Croatie, le 30 juin à minuit. Le *Globe and Mail* note que leur mission a débuté le jour de la fête de la Confédération canadienne[6].

Les troupes doivent traverser un territoire de 310 km couvert de champs de mines qui ralentissent leur progrès. Elles mettent deux jours à parcourir

---

5. *The New Republic*, 20 décembre 1993.
6. *The Globe and Mail*, 1er juillet 1992.

une distance égale à celle qui sépare Montréal de Montmagny. Les soldats, accompagnés par un agent de liaison serbe, dépendent du bon vouloir des milices serbes qui contrôlent 60 % du territoire bosniaque. Au départ, le général MacKenzie avait déclaré que « si la situation se détériorait, le bataillon n'irait pas à Sarajevo »[7]. Autant dire que nos troupes ne se déplaçaient qu'avec l'assentiment du chef des miliciens serbes, le général Mladic. Le 2 juillet, quand le bataillon parvenu à Sarajevo commence à ouvrir l'aérodrome, le général MacKenzie déclare que « l'aéroport ne serait jamais sécuritaire, [qu'il] serait ouvert aussi longtemps que l'artillerie serbe resterait silencieuse »[8]. Pendant ses négociations avec les Serbes pour assurer la sécurité de ses troupes, le général a oublié l'objectif du Conseil de sécurité : mettre l'armement lourd serbe sous contrôle onusien. La mission des troupes de la FORPRONU se précise. Au lieu de briser le siège de Sarajevo, on apporte la nourriture aux Bosniaques avec l'assentiment des assiégeants de la ville. L'action humanitaire devient le pendant naturel de la reconnaissance tacite de la conquête serbe.

Deux mois après la reconnaissance de l'indépendance de la Bosnie, un représentant des Nations unies traitait avec les gens qui voulaient démembrer ce pays par la force. Parce que le général ne voulait pas stopper les agresseurs, il était obligé de légitimer leur gains. L'auteur de ces lignes laisse à Alain Horic le soin d'analyser les prétentions du général, selon qui toutes les parties au conflit étaient responsables de la guerre en Bosnie. Ses déclarations ne faisaient que justifier sa politique de lâcheté. Les plans de l'Union européenne s'inscrivaient dans la même logique : tenir le génocide en Bosnie pour un fait accompli.

Même l'aide aux réfugiés est devenue conditionnelle à l'acceptation du fait accompli sur le terrain. Au mois de juillet 1992, le ministre Valcourt annonce que le Canada accepte 26 000 immigrés de l'ex-Yougoslavie. Le Canada légalise le statut de 16 000 étudiants ou réfugiés *ex-yougoslaves* déjà présents au Canada. Il déclare qu'il ne fera pas de discrimination entre « les trois parties au conflit » dans le choix des dix mille autres candidats[9]. Les citoyens de la Serbie, le pays qui a déclenché le conflit, et les citoyens de la Bosnie victimes du génocide sont traités sur un pied d'égalité. Selon le *New York Times* du 30 décembre 1993, l'ambassade de Belgrade a délivré 6 000 visas en 1993. Le consul canadien à Belgrade, Brian T. Casey, a défini les objectifs de la politique canadienne avec précision. Il a déclaré que « l'ambassade a concentré

---

7. *The Globe and Mail*, 1er juillet 1992.
8. *The Globe and Mail*, 3 juillet 1992.
9. *The Globe and Mail*, 31 juillet 1992.

ses efforts de recrutement sur des ingénieurs et des experts en informatique »[10]. Depuis le début du conflit en Bosnie, le Canada n'a accepté que 620 personnes qui avaient été internées dans les camps serbes. Notre pays s'est servi d'une crise humanitaire pour recruter des professionnels.

Les agissements du général MacKenzie et les politiques du ministre Valcourt n'ont pas suscité de grand débat public. Les Canadiens étaient préoccupés par le drame du référendum sur l'accord de Charlottetown. Alléguant que la société canadienne était sortie fatiguée de la campagne référendaire, le magazine *Maclean's*, en quête de héros, a placé le nom du général MacKenzie sur sa liste des douze Canadiens qui s'étaient particulièrement illustrés en 1992[11].

ACTE 2
L'OCCIDENT OUBLIE LES LEÇONS DE LA SHOAH

Mise en scène : Le 18 avril 1993, le monde commémore le cinquantième anniversaire du soulèvement du ghetto de Varsovie. Au même moment, les forces serbes attaquent la ville de Srebrenica. Le 22 avril, lors de la cérémonie d'ouverture du nouveau Musée de l'Holocauste, l'écrivain Elie Wiesel se tourne vers le président Clinton et lui adresse ces paroles : « L'effusion de sang en Bosnie doit cesser, et nous sommes les seuls à pouvoir l'arrêter[12]. »

Presque au même moment, le sénateur américain Joe Biden réclame des frappes aériennes contre les positions d'artillerie serbes et la levée de l'embargo sur les armes que les Nations unies ont imposé à l'ex-Yougoslavie. L'embargo favorisait le gouvernement de Belgrade qui héritait de l'armement de l'Armée nationale yougoslave pendant que ses victimes n'avaient que des armes légères pour se défendre. Robert Dole, chef de la minorité républicaine au Sénat, déclare que la politique américaine est une farce : « Nous restons passifs pendant que les Serbes détruisent la Bosnie[13]. »

Le commandant de la FORPRONU sur le terrain, le général Morrillon, réagit à cette nouvelle crise en négociant une entente pour la libération de Srebrenica semblable à l'entente sur l'aéroport de Sarajevo. La FORPRONU

---

10. *The New York Times*, 30 décembre 1993.
11. Maclean's Honor Role 1992.
12. *The New York Times*, 23 avril 1993.
13. *The New York Times*, 19 avril 1993.

envoie 150 Casques bleus canadiens à Srebrenica avec la mission de protéger les habitants de la ville assiégée. Les miliciens Serbes leur permettent d'assurer la protection de la ville en échange du désarmement des défenseurs gouvernementaux de Srebrenica.

La négociation tue

> Le Canada occupe une position unique en Bosnie. Parce qu'il n'est pas une superpuissance comme les États-Unis, il n'a pas d'intérêt politique direct à trouver une solution au conflit. Parce qu'il n'est pas situé sur le continent européen, l'intérêt géopolitique ne le pousse pas à mettre fin aux massacres.
> ANNE SWARTON, *The Washington Post,* 14 janvier 1994

> Tout ce qui protège les forces canadiennes à Srebrenica, c'est que les Serbes craignent les frappes aériennes des États-Unis.
> Un représentant des Nations unies, *The New York Times,* 22 avril 1994

Les barrages d'artillerie contre des villes sans défense sont l'une des tactiques les plus efficaces de la guerre que le gouvernement Milosevic mène contre la population bosniaque. Au commencement de la guerre, le gouvernement de la République bosniaque avait une armée de 3 500 hommes. Il ne possédait aucune arme efficace contre les bombardements d'artillerie. Les milices serbes pouvaient attaquer leurs ennemis sans risque de pertes importantes. Cette tactique présentait un seul inconvénient : les images de citoyens martyrisés des villes bosniaques pouvaient pousser les citoyens des pays démocratiques à exiger que leur aviation bombarde les positions d'artillerie serbes. Les cessez-le-feu négociés par le général MacKenzie et le général Morillion apaisent l'inquiétude serbe puisqu'ils diminuent la pression des opinions publiques en faveur d'une intervention rapide. Les forces serbes peuvent alors déplacer leur artillerie lourde et attaquer d'autres cibles. La trêve à Srebrenica a été suivie par une offensive contre Bihac et par des attaques contre Sarajevo.

Les événements d'avril 1993 amènent l'administration Clinton à opérer un changement de cap. Pendant la campagne électorale de 1992, le futur président avait promis qu'il ferait tout en son pouvoir pour mettre fin au génocide en Bosnie. Aussitôt élu, le président a jugé qu'il ne pouvait pas agir sans l'appui de ses alliés de l'OTAN. Les gouvernements européens, ayant accepté la réalité de la victoire serbe, avaient trouvé une solution au conflit bosniaque : toutes les *parties au conflit* devraient se soumettre au plan

Owen-Vance qui divisait la Bosnie, jadis multi-ethnique, en enclaves ethniques. Le président Clinton, préoccupé par ses rêves de refaire la société américaine, s'est contenté de condamner le plan européen comme une capitulation devant les Serbes, sans proposer d'autre solution que le parachutage de vivres aux habitants des villes bosniaques assiégées par les tchetniks.

M. Clinton répond à l'escalade de la violence en Bosnie par un compromis. Il endosse le plan Biden de *lift and strike,* mais il y ajoute un autre volet en enjoignant aux Serbes d'accepter le plan Owen-Vance, sous peine de représailles. Il envoie le secrétaire d'État Warren Christopher en Europe consulter ses alliés sur la meilleure stratégie à employer pour contrer les plans des Serbes. Des alliés informent M. Christopher qu'ils ne favorisent pas l'option du *lift and strike.* Les Serbes bosniaques rejettent le plan Owen-Vance parce qu'il ne leur reconnaît pas 100 % de leurs conquêtes. Le président n'a plus de politique bosniaque.

Si on veut comprendre la folie d'une politique qui a conduit la seule superpuissance au monde à quémander l'approbation de ses alliés, nous n'avons qu'à étudier la réaction de Brian Mulroney au plan Clinton. À cette époque, le premier ministre canadien démissionnaire était en visite officielle en Europe. Le but non avoué de cette visite était de refaire son image d'homme d'État. Son œuvre majeure, la réconciliation historique des deux nations canadiennes, était en ruine. Défendre l'action humanitaire des forces de maintien de la paix lui permettait de faire valoir le rôle du Canada sur la scène mondiale, quitte à attaquer le plan Clinton. Le 11 mai 1993, à Londres, M. Mulroney déclare que dès que les frappes aériennes commenceront, il retirera ses troupes de Bosnie. Il profite de l'occasion pour critiquer le sénateur Biden, qui avait déclaré la veille que le laxisme européen équivalait à un viol moral de la Bosnie. M. Mulroney se demande *de quoi le sénateur se mêle.* Si les Américains veulent changer la situation, ils n'ont qu'à envoyer des troupes en Bosnie[14]. On peut mesurer le manque de *leadership* du président Clinton au fait que M. Mulroney, d'ordinaire à plat ventre devant les Américains, n'ait pas eu peur de critiquer un des *leaders* du Sénat. Le chef d'État d'une superpuissance qui veut mener une grande bataille morale doit éviter de ménager la sensibilité de *leaders* comme Brian Mulroney.

2 août 1993, nouvelle offensive serbe. Les forces serbes prennent les monts Igman et Bjelasnica, objectifs-clés qui rendent possible la conquête de Sarajevo. L'OTAN adopte le plan américain qui ordonne de desserrer l'étau autour de Sarajevo. Encore une fois, on brandit la menace de frappes aériennes. Le gouvernement Campbell est le seul gouvernement occidental à

---

14. *The Globe and Mail,* 12 mai 1993.

s'opposer à l'ultimatum. Le général Morillon négocie avec le général Mladic une nouvelle entente qui prévoit le retrait des forces serbes des monts Igman et Bjelasnica. Le 16 août, le porte-parole de la FORPRONU, le colonel canadien Barry Fewer, déclare que le siège de Sarajevo est levé. Les autorités bosniaques, qui essaient d'administrer une ville sans eau ni électricité, n'apprécient pas la blague du colonel Fewer. Ils déclarent le colonel *persona non grata*[15].

ACTE 3
LA BOSNIE, UN DRAME CANADIEN

> Lors de la première grande sortie internationale de Jean Chrétien, [...] le ministre Ouellet avait campé le Canada parmi les adversaires des frappes aériennes en ex-Yougoslavie. Quelques heures plus tard, alors que le ministre dormait du sommeil du juste, les partenaires du Canada s'entendaient pour prôner de telles frappes.
>
> CHANTAL HÉBERT, *La Presse*, 25 juin 1994

Mise en scène : L'élection d'octobre 1993 chambarde complètement l'échiquier politique canadien. À la Chambre des communes, la majorité libérale est confrontée à une opposition officielle indépendantiste. M. Chrétien avait préféré ignorer la crise constitutionnelle en prétendant que les Canadiens ordinaires sont préoccupés par des questions de pain et de beurre. Le premier ministre ne peut pas maintenir cette fiction devant les attaques quotidiennes du Bloc québécois contre le statu quo constitutionnel. Par la force des choses, son lieutenant québécois, M. André Ouellet, hérite du rôle ingrat de défenseur de l'unité canadienne aux Communes. Afin de le récompenser pour ses services dans le dossier québécois et de hausser son prestige, on nomme M. Ouellet ministre des Affaires étrangères. Ni son passé politique ni sa compétence ne le destinaient à ce poste.

Janvier 1994. Le choix d'André Ouellet laissait présager une politique étrangère attentiste. Des changements sur le terrain en Bosnie-Herzégovine vont pousser les alliés du Canada à adopter une politique bosniaque plus musclée.

Une dépêche du *New York Times* du 28 janvier 1994 fait état d'une déclaration du premier ministre bosniaque, Haris Silajdzic, signalant la présence de 25 000 à 30 000 mille soldats serbes et croates en Bosnie centrale. Le *Times*

---

15. *The Globe and Mail*, 17 août 1993.

en conclut que les gouvernements yougoslave et croate tentent conjointement d'exercer des pressions sur le gouvernement bosniaque afin qu'il signe le plan de partition de l'Union européenne, lequel prévoit la cession de 70 % du territoire de la Bosnie-Herzegovine.

L'attitude du nouveau gouvernement Chrétien face à cette offensive serbo-croate apparaît à la lueur d'un incident survenu le 23 décembre précédent. Onze soldats canadiens de la FORPRONU avaient été enlevés par des miliciens serbes. On les avait alignés contre un mur et les Serbes avaient tiré quelques rafales au-dessus de leur tête. Ensuite, les Serbes avaient abattu un chien qui passait par là, et nos gars avaient cru leur mort imminente[16]. Après deux heures de captivité, les soldats du 22e regiment à Visoko avaient été relâchés.

Le ministre de la Défense David Colenette ne prit connaissance de l'incident que cinq jours plus tard, en parcourant l'édition matinale du *New York Times*. En effet, ses fonctionnaires n'avaient pas jugé opportun d'informer le ministre ou le grand public des aventures de leurs troupes au *pays* de Radovan Karadzic. La première réaction des fonctionnaires à la lecture de la manchette du *Globe and Mail* du 28 décembre (« Canadians Endure Execution Ordeal ») fut de prétendre que le simulacre d'exécution n'avait pas eu lieu. Le brigadier-général Ashton qualifia l'incident de « serious but routine and definitely not a mock execution »[17].

Le gouvernement Chrétien venait de rater son premier test dans le dossier bosniaque. Les explications boiteuses des responsables militaires et les louvoiements du gouvernement avaient eu pour effet de convaincre le grand public que la vie des soldats canadiens était en danger. Les agissements du commandant des forces canadiennes à Visoko n'avaient rien pour rassurer. Le colonel Moore avait jugé qu'il n'était pas nécessaire d'informer ses supérieurs des mauvais traitements que ses soldats avaient subis parce qu'il était trop occupé à négocier la livraison des vivres à Sarajevo. Le poste de contrôle de Visoko était le seul barrage routier de Bosnie-Herzégovine où les forces de la FORPRONU côtoyaient les milices serbes, ce qui avait rendu possible l'enlèvement des soldats canadiens. On peut conclure que le colonel a négocié la livraison des vivres avec les ravisseurs de ses hommes. Avec l'appui tacite du ministre Colenette, le colonel Moore avait laissé entendre aux commandants serbes qu'ils pourraient prendre des soldats canadiens en otage si les forces alliées essayaient d'empêcher l'offensive finale de leur guerre de conquête en Bosnie.

---

16. *The New York Times*, 28 décembre 1993.
17. *The Globe and Mail*, 29 décembre 1993.

Les inquiétudes du grand public au sujet de la sécurité des troupes ne pouvaient qu'affecter la politique gouvernementale. Le premier ministre Chrétien fait écho à ces craintes à la veille d'un voyage diplomatique en Europe. Il déclare que « les Canadiens n'aiment pas qu'on bouscule nos troupes ». La réaction du premier ministre au terrorisme serbe est équivoque. Il annonce un débat parlementaire sur l'éventualité d'un retrait des troupes canadiennes. Le premier ministre ajoute que « notre présence en Bosnie nous coûte pas mal d'argent ».

Cette prise de position de M. Chrétien entrait en contradiction avec un changement d'attitude des alliés du Canada. Des attaques persistantes contre les convois des Nations unies et l'intransigeance des milices serbes avaient convaincu le ministre français des Affaires étrangères, Alain Juppé, que seule la menace de frappes aériennes pouvait sauver Sarajevo.

Le 7 janvier 1994, deux jours après sa première déclaration, M. Chrétien change de ton. Après une rencontre de quelques heures avec John Major, au 10 Downing Street, il annonce que le Canada ne retirera pas ses troupes avant d'avoir consulté ses alliés de l'OTAN qui contribuent aux forces de la FORPRONU[18].

10 janvier 1994. Réunion de l'OTAN. Les seize ministres approuvent une résolution française qui menace les milices serbes de frappes aériennes si elles persistent à étrangler Sarajevo. Le Canada vote oui, pendant qu'André Ouellet *roupille* dans sa chambre d'hôtel.

Depuis quelques semaines, les troupes canadiennes qui *protégaient* Sebrenica devaient être relevées par des soldats hollandais. Les forces serbes empêchaient leur sortie de la ville. Le ministre de la Défense britannique ajoute donc une clause à l'ultimatum qui autorise des frappes aériennes pour protéger les soldats canadiens. Réveillé par un journaliste, le ministre Ouellet déclare que le ministre Hurd ne peut pas parler au nom du Canada[19].

11 janvier 1994. Les Serbes répliquent à l'ultimatum en attaquant Sarajevo. Bilan : six morts, quarante blessés. L'OTAN commence à tergiverser. Le premier ministre Chrétien réussit à faire modifier l'ultimatum : l'OTAN ne pourra pas attaquer les Serbes sans l'appui de tous ses membres. André Ouellet proclame que le Canada dispose d'un droit de veto sur les actions de l'OTAN. Les déclarations du ministre ne prouvent pas que le Canada ait joué un rôle important pendant cette réunion. En fin de compte, le seul effet de la *diplomatie canadienne* a été de donner une excuse aux dirigeants de l'OTAN qui hésitaient à employer la force. Le Canada n'a fait que retarder une décision inévitable.

---

18. *The Globe and Mail*, 7 janvier 1993.
19. *The Globe and Mail*, 11 janvier 1993.

25 janvier 1994. Débat à la Chambre des communes portant sur le rôle du Canada dans les forces de maintien de la paix. Drôle de débat ! Le gouvernement ne prend pas position sur la question de l'heure : le maintien ou le retrait des troupes canadiennes en Bosnie. Au lieu d'annoncer une politique claire, il consulte. Il laisse des députés s'exprimer, *ventiler*. Il en résulte un débat sans queue ni tête. Certains députés réformistes disent que le Canada perd son temps en Bosnie, d'autres affirment qu'il faut y rester pour préserver le rôle historique du Canada dans les forces de maintien de la paix[20].

Pour sa part, le ministre Ouellet soutient que le Canada a un droit de veto sur les frappes aériennes. Si le but des frappes est de protéger la population civile, son gouvernment s'y opposera. La seule raison valable pour autoriser de telles frappes serait de protéger nos soldats. On ne pourrait concevoir une politique plus immorale. Le gouvernement est prêt à laisser crever les Bosniaques s'il est assuré que nos soldats ne courent aucun risque. Le prestige du Canada, rehaussé par sa contribution humanitaire, devenait plus important que les raisons qui avaient amené le Canada à participer à la FORPRONU.

Le discours du chef de l'opposition se divise en deux parties. Dans un premier temps, il parle de la glorieuse tradition des forces de maintien de la paix ; il fait l'éloge de Lester B. Pearson, le père canadien de ce genre d'intervention humanitaire. Après avoir chanté les louanges de « notre beau pays le Canada », le chef indépendantiste aborde la question bosniaque. Il décrit les horreurs qu'a connues la Bosnie et note que la communauté internationale ne peut, après avoir reconnu son indépendance, abandonner ce pays aux bons soins des milices serbes. La communauté internationale a imposé l'embargo sur les livraisons d'armes, ce qui laisse les Bosniaques sans défense. Selon lui, le retrait de nos troupes précipiterait le massacre. À deux semaines de la tuerie du marché, M. Bouchard pense encore que la présence de nos troupes pourrait empêcher les tchetniks de réaliser leurs plans meurtriers ! Pendant que nos alliés s'apprêtent à essayer de rétablir la crédibilité des institutions internationales dans le dossier bosniaque, les chefs des principales formations politiques à la Chambre des communes analysent la crise en fonction du rôle du Canada sur la scène mondiale.

---

20. Débats de la Chambre des communes, 25 janvier 1994.

Acte 4
Une occasion manquée

Le choc des images de la tuerie du marché de Sarajevo, retransmises le samedi 5 février dans le monde entier, a ému toutes les opinions publiques et tous les gouvernements. On a brusquement compris l'urgence d'une solution.

ALAIN JUPPÉ, « Notre bataille pour l'ultimatum », *Le Nouvel observateur,* 17 février 1994

Mise en scène : Sarejevo, 5 février 1994. Massacre au marché. Bilan : 68 morts.

De nos jours, la mort n'a de signification que si elle se passe en direct devant nos yeux, dans nos salons. L'obus serbe qui a tué 68 Sarajevains d'un seul coup évoque le pire cauchemar des dirigeants occidentaux — la destruction apocalyptique de Sarajevo retransmise par les caméras des chaînes de télévision du monde entier. Le public français, presque insensible aux milliers d'inconnus morts dans des endroits aux noms imprononçables, comme Prijedor et Banja Luka, réclame une intervention pour mettre fin au martyre de Sarajevo. Tout comme le président Mitterrand à l'époque de l'ouverture de l'aérodrome de Sarajevo, M. Juppé a compris qu'il fallait poser un grand geste. Il propose que l'OTAN envoie un ultimatum ferme aux milices serbes. Celles-ci doivent retirer leurs armes lourdes d'une zone de 20 kilomètres autour de Sarajevo dans un délai de dix jours sous peine de représailles. La proposition gagne l'assentiment rapide de la presque totalité des membres. Le Canada avait des réserves. Deux coups de téléphone du président Clinton ont convaincu M. Chrétien de la nécessité de l'action de l'OTAN. Le premier ministre canadien déclare alors que « de toute façon, les Serbes vont accepter l'ultimatum et les frappes ne seront pas nécessaires ». André Ouellet insiste sur le fait que le Canada n'a donné son appui à l'ultimatum qu'après que les Américains l'eussent assuré qu'ils recherchaient une solution pacifique en Bosnie[21].

L'ultimatum de l'OTAN produit des résultats mitigés. Le délai de dix jours permet aux Serbes de finasser. Les autorités de la FORPRONU, habituées à négocier avec le Dr Karadzic, assurent aux autorités de l'OTAN que les Serbes sont en train d'enlever leur armement lourd. Des photos de satellites de reconnaissance américains et français démontrent que les Serbes manquent à leur parole. Les chefs militaires de l'OTAN veulent frapper pendant que les

---

21. « Canada Yields on Bosnia Ultimatum », *The Globe and Mail*, 10 février 1994.

autorités de la FORPRONU essaient de reculer l'échéance. Le vide politique créé par ces divergences est rempli par le gouvernement russe, qui se porte garant de la retraite serbe devant le monde entier. L'initiative russe permet à toutes les parties de sauver la face. La confrontation entre l'OTAN et les Serbes a été différée. Les armes lourdes qui ont servi à bombarder Sarajevo serviront au martyre de la ville de Gorazde.

(Il faut noter que la levée partielle du siège de Sarajevo a créé un nouveau climat politique. Les troupes canadiennes ont pu quitter Srebrenica et notre gouvernement a décidé de renouveler l'engagement de nos troupes en Bosnie pour six mois.)

Visoko, le 20 mars 1994. Les garanties des Russes au sujet du retrait des armes serbes de la zone d'exclusion autour de Sarajevo se sont avérées fausses. Le commandant de la FORPRONU, le général Rose, donne l'ordre aux troupes de la base de Visoko de saisir 50 pièces d'artillerie et six blindés serbes à l'intérieur de la zone d'exclusion. Les troupes canadiennes qui tenaient sous contrôle l'équipement militaire sont encerclées à leur tour par des miliciens serbes. Le 22 mars 1994, le major général hollandais Van Vaal négocie la libération des Canadiens après avoir reçu l'assurance que les pièces d'artillerie et les blindés seraient retirés à une date ultérieure. On a laissé quelques soldats canadiens en place comme observateurs. Une autre prise d'otages se prépare[22].

La confrontation du 20 mars et d'autres incidents semblables rendaient inévitable un autre *test de la volonté* de l'OTAN. En démontrant qu'ils étaient prêts à affronter les milices du Dr Karadzic et du général Mladic mais qu'ils hésitaient à utiliser les frappes aériennes pour dégager leurs troupes ou sauver Sarajevo, les leaders occidentaux ont lancé au psychiatre fou de Pale et à son général fasciste une invitation que ces derniers ne pouvaient décliner.

Gorazde, le 5 avril 1994. Des forces serbes pénètrent les lignes défensives des forces gouvernementales. Les 60 000 habitants de la ville risquent d'être massacrés. Le 10 avril, devant le refus des forces serbes de lever le siège de Gorazde, deux avions de l'OTAN bombardent les positions serbes. Cette petite attaque ne fait que raffermir la détermination des agresseurs à tester le sérieux de l'Alliance atlantique. Afin de se prémunir contre d'éventuelles frappes, ils commencent à attaquer les soldats de la FORPRONU et à les prendre en otage. Le 14 avril, des miliciens kidnappent à Visoko 16 soldats canadiens, qui n'opposent aucune résistance. Le ministre Ouellet s'empresse de déclarer que « ces incidents sont regrettables mais ne constituent pas

---

22. *The Globe and Mail*, 21 et 22 mars 1994.

nécessairement une escalade du conflit »[23]. Les soldats restent en captivité jusqu'au 18 avril. Pendant ces quatre jours, les autorités canadiennes répètent qu'ils sont bien traités. Les Serbes continuent d'attaquer Gorazde. *La Presse* du 18 avril parle en ces termes de la libération des soldats canadiens : « Bonne nouvelle pour le Canada dont les 16 Casques bleus ont été libérés. Mauvaise nouvelle toutefois pour la Bosnie, pour l'OTAN, et pour l'ONU : des chars serbes ont pénétré dans Gorazde. »

Si les soldats canadiens étaient les otages, la ville de Gorazde était la rançon. Les Serbes profitent du répit pour pilonner Gorazde. Même l'hôpital est la cible de leurs attaques. Cette fois, le monde va répondre à l'agression serbe. Même la patience des députés canadiens est à bout. Le 21 avril, ils adoptent à l'unanimité une proposition autorisant le gouvernement à appuyer des frappes aériennes. Le vendredi 22 avril, l'OTAN avertit les commandants serbes qu'ils doivent cesser leurs attaques contre Gorazde avant 2 heures 10, dimanche matin, sinon l'aviation alliée attaquera leur armement lourd dans une zone de 20 km autour de la ville assiégée. Les forces tchetniks profitent des 24 heures de répit que l'OTAN leur a accordées pour achever la destruction de Gorazde. En sortant de la ville, ils font sauter l'aqueduc.

ACTE 5
DERNIER ÉPISODE
TI-JEAN S'EN VA-T-EN ZONE DE GUERRE

Mise en Scène : Les événements de Gorazde ont épuisé les chefs de gouvernement occidentaux. Ils cherchent une solution rapide au problème bosniaque. Messieurs Mitterand et Major proposent la levée des sanctions contre la Serbie dans le vain espoir que Milosevic convaincra son pantin Karadzic d'être raisonnable. L'Angleterre et la France annoncent qu'elles retireront leurs troupes de Bosnie s'il n'y a pas de traité de paix avant l'automne. Le président français et le chef du gouvernement britannique ont jugé que le gouvernement bosniaque n'était pas réaliste. En contrepartie de la protection des Nations unies, les Bosniaques devront signer leur reddition.

C'est à ce moment précis de l'histoire de l'humanité que notre premier ministre, le Très Honorable Jean Chrétien, se rend en Normandie pour célébrer l'anniversaire du débarquement des Alliés. La chaîne NewsWorld annonce que le premier ministre

---

23. *The Globe and Mail*, 15 avril 1994.

fera une visite éclair à Sarajevo. Les déplacements du premier ministre seront tenus secrets afin d'assurer sa sécurité.

9 Juin 1994. La visite de M. Chrétien se déroule dans une ambiance de mélodrame. Les journaux nous ont annoncé qu'il était « le premier chef de gouvernement canadien à visiter une zone de guerre »[24]. En effet, notre premier ministre court un très grand risque en se rendant en Bosnie. Selon un reportage de la Canadian Press, « l'hélicoptère transportant M. Chrétien a atterri dans un champ de soccer où l'appareil a fait fuir des vaches et des moutons ». Après avoir salué nos valeureux soldats canadiens à Visoko, Jean Chrétien monte à bord d'une voiture blindée de la FORPRONU et entreprend le périlleux voyage jusqu'à Sarajevo, où il s'entretient pendant 70 minutes avec le premier ministre bosniaque, Haris Silajdzic.

« Chrétien menace de retirer les troupes », titre *La Presse* du 10 juin. En lisant les premières lignes du reportage de la Canadian Press, nous apprenons que « le premier ministre Jean Chrétien a profité de son passage en ex-Yougoslavie pour adresser une mise en garde ferme au gouvernement de la Bosnie : les Casques bleus du Canada seront rapatriés si les négociations sur la paix ne progressent pas ».

L'objet premier de cette visite n'est pas de réconforter les victimes du long siège de Sarajevo mais de rassurer les troupes canadiennes. M. Chrétien ne salue même pas la population civile qui a été la cible des *snipers* serbes depuis deux ans. Les conditions pour le maintien de nos troupes au-delà de la date limite du 1er septembre sont présentées à M. Silajdzic après avoir été annoncées dans un discours aux Casques bleus canadiens. À ceux-ci, notre chef de gouvernement a donné l'assurance que leur mandat prendrait fin « s'il n'y pas de volonté d'en venir à un accord de paix ou si l'embargo sur les armes est levé ».

Comment décrire les quelques heures de la visite de Jean Chrétien sans verser dans le sarcasme ou l'ironie facile ? Même les commentaires des simples soldats qui ont rencontré le premier ministre sont grotesques. Le caporal James Rice, de Brampton (Ontario), déclare « qu'au moins il est venu et a vu par lui-même ce qu'était la Bosnie »[25]. Jusqu'à la levée partielle du siège de Sarajevo, M. Chrétien n'avait qu'à ouvrir son téléviseur pour voir les conditions de vie dans la ville bosniaque. Il aurait pu apercevoir des citoyens de Sarajevo sortir de leur maison pour aller chercher un peu de nourriture ou de l'eau, courir tête baissée pour éviter les balles des *snipers*.

---

24. *The Gazette*, 10 juin 1994.
25. *La Presse*, 10 juin 1994.

Notre premier ministre est venu porter un message clair aux victimes de ces attaques meurtrières. Il leur dit : c'est vous qui êtes responsables de la poursuite de cette terrible guerre parce que vous refusez d'accepter votre défaite. On ne fera rien pour vous aider à vous défendre. De plus, si vous ne signez pas un traité de paix qui légalise les résultats de l'épuration ethnique, on vous coupera les vivres.

La tournée de Chrétien en Bosnie a été rendue possible grâce à l'ultimatum de l'OTAN, qui a fait taire l'artillerie lourde des Serbes — après que celle-ci ait pu détruire la moitié de la ville. M. Chrétien n'aurait pas pu livrer son message paternaliste en toute sécurité si les alliés n'avaient pas posé le geste de fermeté auquel son gouvernement s'était opposé.

Avancer l'idée qu'une visite officielle en Bosnie pouvait faire remonter la cote de popularité du premier ministre au Canada serait de mauvais goût. Il est vrai que M. Chrétien fait face à une opposition officielle qui veut détruire « notre beau pays le Canada », mais le drame bosniaque est bien plus réel. Si les Bosniaques cèdent 49 % de leur territoire aux agresseurs qui ont tué 200 000 civils, violé des milliers de femmes et chassé des millions de personnes de leur foyer, ils vivront dans des ghettos entourés de leurs agresseurs. M. Chrétien les protégera-t-il ? Le premier ministre menace de leur retirer le pain de la bouche s'ils veulent se défendre.

Le Canada n'a pas été qu'un observateur passif du génocide en Bosnie. Il y a contribué. Ses représentants ont fourni des excuses à l'inaction occidentale et son gouvernement n'a approuvé l'action contre les criminels de guerre qu'à contrecœur. Il est indécent d'assister passivement au génocide en prétextant qu'on ne veut pas faire courir le moindre risque à nos soldats. Si, en plus, on reproche aux victimes de ne plus vouloir jouer leur rôle de victime, on ne fait qu'entériner une politique qui privilégie les apparences aux dépens de la moralité.

Du général MacKenzie à Jean Chrétien, le discours canadien a toujours été limpide : « On vous fait la charité et vous manquez de gratitude. » Apporter la *bouffe* aux Bosniaques est un peu comme fournir sa dernière cigarette au condamné à mort. Cela donne bonne conscience mais ne nous absout en rien de notre inaction.

Les ultimatums envoyés aux milices serbes pour mettre fin aux sièges de Gorazde et de Sarajevo ont démystifié la politique canadienne en Bosnie. Une menace sérieuse a fait reculer les assassins. On aurait pu les arrêter dès le début du conflit si nos gouvernements avaient considéré qu'il était dans leur intérêt vital de faire cesser le génocide en Bosnie.

J'ai devant moi, sur mon bureau, la photo couleur de M. Chrétien, parue à la une de la *Gazette* au lendemain de sa visite en Bosnie. On voit notre premier ministre un casque bleu posé négligemment à l'envers sur la tête, les deux poings serrés en signe de détermination. M. Chrétien a l'air d'un bouffon. L'image qu'il projette ne fait que refléter le fait que la politique bosniaque de son gouvernement est une imposture.

ÉPILOGUE

Depuis le début du conflit en Bosnie, les gouvernements canadiens successifs ont agi dans l'unique but de bien paraître, de sauvegarder l'image du pays de Lester Pearson si chère à tous les politiciens canadiens, de Lucien Bouchard à Preston Manning. Ils ont tous été choqués d'apprendre qu'il n'y avait pas de paix à maintenir en Bosnie parce que Messieurs Karadzic et Milosevic ne jouaient pas selon les règles du marquis de Queensbury. Pour arrêter des gens prêts à utiliser le viol et la torture comme arme de nettoyage ethnique, il aurait fallu être déterminé à utiliser la force massive. Appelés à mettre la force au service de leurs principes, nos politiciens ont préféré répéter ces principes *ad nauseam* sans vraiment y croire. Le voyage de Jean Chrétien fut l'aboutissement logique de cette politique de lâcheté.

À tous les moments critiques de la crise bosniaque, nos gouvernements successifs ont tenté de limiter l'action concertée de la communauté internationale contre les agresseurs, au nom de la mission humanitaire de nos troupes. La mission de la FORPRONU aura été le résultat d'une nostalgie de l'époque de la Guerre froide où des pays comme le Canada supervisaient des trêves entre les clients des deux superpuissances. Le Canada pouvait jouer le rôle du pays plus moral, plus pacifiste que les États-Unis, tout en bénéficiant de la protection du grand frère américain. Cinq ans après la chute de mur de Berlin, une telle politique n'a plus de sens.

Les Saddam Hussein et Milosevic de ce bas-monde ne sont pas sujets au chantage nucléaire. Ils n'ont aucun respect pour les règles du jeu qui ont eu cours pendant la Guerre froide parce qu'ils ne peuvent se maintenir au pouvoir qu'en affrontant des ennemis extérieurs. Le régime de Belgrade a transgressé toutes les lois internationales, de la convention de Genève à la convention sur le génocide. Il est évident que ces textes sont devenus caducs puisque personne n'a levé le petit doigt alors qu'un gouvernement européen menait une campagne d'*épuration ethnique* chez ses voisins, au vu et au su de tous.

Une société de droit repose sur le consentement des gouvernés et sur la peur de la répression chez ceux qui sont tentés d'enfreindre ses lois. Ces deux conditions préalables au règne de la loi internationale ont été entamées par la crise bosniaque. Les effets de la démission des *leaders* occidentaux en Bosnie se sont fait sentir du Rwanda à Haïti. Les chefs de gouvernement de ces pays savaient que les déclarations des Occidentaux sur les droits de l'homme n'étaient que des phrases creuses. Si l'opinion publique et les gouvernements occidentaux n'ont pas été poussés à poser des gestes conséquents après l'agonie de la Bosnie, rien d'étonnant à ce qu'ils n'aient pas été émus quand le gouvernement rwandais a jeté des milliers de corps humains dans le Lac Victoria. Le génocide rwandais est le prototype de la crise politique post-bosniaque. La communauté internationale n'est intervenue pour arrêter l'horreur qu'après la fin du conflit, lorsque la crise politique s'est transformée en *crise humanitaire*.

Quand le discours politique verse dans l'irréel, le cynisme est inévitable. La menace géopolitique d'une grande Serbie est bien moins néfaste pour la paix mondiale que la destruction de la crédibilité des institutions internationales. Un monde où la loi du plus fort est sanctifiée par la communauté internationale est un monde où toutes les rancœurs, toutes les frustrations peuvent mener au conflit. La destruction de l'idéal des droits de l'homme va miner les fondements du droit international.

> Toujours des mots, des ballons de cire.
> Toujours des mots qui ne veulent rien dire.
> Plume

Nos gouvernements ont traversé la crise bosniaque en somnambules. Leur comportement n'a rien de surprenant. L'accord de Charlottown est la preuve concrète de l'incapacité de nos élites à gouverner. Les gens qui pensaient pouvoir conjurer la plus grande crise constitutionnelle de l'histoire du Canada avec des commissions parlementaires et des formules publicitaires ne pouvaient pas envisager l'ampleur de l'horreur en Bosnie. On ne peut pas proclamer, dans un même document, que le Québec est une société distincte et que le Canada a besoin d'un gouvernement central fort sans occulter le sens des mots.

Les partis régionaux, issus de la crise constitutionnelle, se sont révélés aussi incapables de repenser la politique étrangère que les vieux partis. Je ne sais pas si j'ai envie de rire ou de vomir quand je vois le chef de l'opposition officielle chanter les louanges du père de la politique du bilinguisme et du biculturalisme canadien, Lester B. Pearson. M. Bouchard voit l'État canadien à l'agonie. Il attend que le Québec hérite de 25 % des biens du défunt. En ce qui concerne le Parti de la réforme, ses membres n'ont pas d'opinion sur la crise bosniaque. Leurs seules préoccupations : le déficit et l'unité nationale.

En somme, tous les acteurs de la scène politique canadienne ont réagi à la crise bosniaque comme si un grand défi moral n'était qu'une affaire de routine. Leur manque d'imagination, leur attentisme et leur amnésie morale augurent mal de l'avenir d'un pays au bord de l'éclatement.

101 raisons pour ne pas intervenir en Bosnie

1. On a assez de problèmes chez nous.
2. Des femmes sont violées à tous les coins de rue à Montréal.
3. La Bosnie est un pays montagneux.
4. Hitler a été vaincu par la résistance yougoslave.
5. L'armée yougoslave est la quatrième armée d'Europe.
6. Les Québécois (les Américains, les Français, les Britanniques, les Canadiens) ne veulent pas voir leurs fils (leurs filles) mourir pour la Bosnie.
7. Le général MacKenzie a prétendu que toutes les parties sont responsables du carnage en Bosnie.
8. a) Pierre Vallières b) Alain Finkielkraut c) Bernard-Henri Lévy d) Margaret Thatcher, e) Georges Shultz ne s'est pas enrôlé dans l'armée bosniaque.
9. Le président Clinton n'a pas encore réussi sa réforme du système de santé américain.
10. Il y aura bientôt un référendum sur la souveraineté.
11. La crise yougoslave est un problème européen.
12. Le président Clinton a hérité d'un problème que le président Bush a créé.
13. L'Allemagne n'aurait jamais dû reconnaître la Croatie et la Slovénie.
14. Les Bosniaques tirent au mortier sur leur propres citoyens pour attirer l'attention mondiale.
15. L'Europe « civilisée » ne peut pas aider des Musulmans.
16. La Bosnie est tellement loin.
17. Les Croates ont attaqué des Musulmans à Mostar.
18. Il y a des atrocités au Rwanda (en Afghanistan, en Arménie, au Cambodge, dans les Territoires occupés).
19. La Bosnie est un pays du Nord.
20. On ne peut pas arrêter des querelles qui durent depuis des siècles.

21. Les Slaves sont assoiffés de sang.
22. Les hommes slaves sont machos.
23. Les viols sont inévitables parce que tous les hommes sont des machos.
24. Le président Bush attend l'élection avant d'agir en Bosnie.
25. Le premier ministre Mulroney ne peut pas agir en Bosnie pendant le référendum.
26. Le premier ministre Campbell attend les résultats de l'élection.
26. L'aide humanitaire est plus efficace que l'intervention militaire.
27. Le Canada a nourri des Bosniaques.
28. Les Bosniaques n'apprécient pas l'aide qu'on leur apporte.
29. Si on lève le siège de Sarajevo, les Serbes vont nous déclarer la guerre.
30. Si on lève le siège de Gorazde, les Serbes vont nous déclarer la guerre.
31 Si la Force de réaction rapide libère les otages, les Serbes vont nous déclarer la guerre.
32 Si on ouvre la route vers Sarajevo, les Serbes vont nous déclarer la guerre
33. Si on bombarde les postions d'artillerie serbes, les Serbes vont nous déclarer la guerre .
34. Si on lève l'embargo sur les armes, les Serbes vont nous déclarer la guerre.
35. Si on bombarde les ponts sur la Drina, les Serbes vont nous déclarer la guerre.
36. Les sanctions économiques ne font que punir la population de la Serbie.
37. Si on bombarde les Serbes, des innocents vont mourir.
38. On ne met pas fin à la guerre en déclarant la guerre.
39. Milosevic va convaincre Karadzic d'accepter le plan Owen-Vance.
40. Milosevic va convaincre Karadzic d'accepter le plan Owen-Stoltenburg.
41. Il y a du progrès dans les négociations de Londres.
42. Il y a du progrès dans les négociations de Genève.
43. Il y a du progrès dans les négociations de Washington.
44. Les sondages prouvent que tout le monde se fout de la Bosnie.
45. La guerre en Bosnie est un événement médiatique.
46. Susan Sontag a déjà appuyé le Viet Cong.
47. La guerre de Bosnie n'est pas la guerre d'Espagne.
48. L'épuration ethnique n'est pas un génocide.
49. Milosevic n'est pas Hitler.
50. Les camps de concentration serbes n'ont pas de chambres à gaz.
51. Il y a trop de chômeurs au Québec.
52. La première priorité du gouvernement Chrétien est l'économie.
53. La première priorité du gouvernement Chrétien est l'unité nationale.
54. Pourquoi mourir pour Sarajevo ?

55   Pourquoi mourir pour Srebrenica ?

56. Pourquoi mourir pour Kigali ?

57. Pourquoi mourir pour Montréal ?

58. On aurait pu sauver Vukovar. Maintenant, il est trop tard pour intervenir.

59. On aurait pu sauver Mostar. Maintenant, il est trop tard pour intervenir.

60. On aurait pu sauver la Bosnie. Maintenant, il est trop tard pour intervenir.

61. On aurait pu sauver la Macédoine. Maintenant, il est trop tard pour intervenir.

62. On aurait pu sauver le Kosovo. Maintenant, il est trop tard pour intervenir.

63. Si on protège Sarajevo, les Russes vont aider les Serbes.

64. Si on protège Gorazde, les Russes vont aider les Serbes.

65. Il ne faut pas nuire à Eltsine. Il sera remplacé par Jirinovsky.

66. Il ne faut pas nuire à Jirinovsky. Il sera remplacé par un vrai fasciste.

67. Il ne faut pas nuire au vrai fasciste. Il fera sauter la planète.

68. Les parties doivent discuter entre elles.

69. Le gouvernement bosniaque ne veut pas négocier avec les Serbes.

70. Les Serbes ne veulent pas négocier avec le gouvernement bosniaque.

71. Bernard-Henri Lévy est une vedette médiatique.

72. Margaret Thatcher n'aime pas John Major.

73. Le général MacKenzie m'a assuré qui si on intervient, il y aura des milliers de morts.

74. On attend notre *peace dividend.*

75. On ne peut pas changer la nature humaine.

76. Le Canada fait plus que sa part en Bosnie.

77. La France fait plus que sa part en Bosnie.

78. Le Congrès américain ne peut pas faire lever l'embargo si cela met en danger des vies canadiennes (françaises, britanniques).

79. La levée de l'embargo prolongera la guerre,

80. Les Nations unies doivent rester neutres dans le conflit.

81. Les États-unis ne doivent pas être le policier du monde.

82. Les réfugiés bosniaques vont voler des jobs aux Canadiens.

83. Le Canada est trop petit pour influencer la situation en Bosnie.

84. Le gouvernement québécois ne peut rien faire avant l'indépendance.

85. La Bosnie n'a pas de pétrole.

86. Nos intérêts vitaux ne sont pas en jeu.

87. Il ne faut pas être moraliste.

88. Le Canada n'a pas de leçons d'unité nationale à donner à l'ancienne Yougoslavie.

89. La Yougoslavie est un pays fédéral.
90. Les Serbes furent nos alliés lors des deux conflits mondiaux.
91. Tito a lutté contre Staline.
92. Le Canada n'a pas de leçons de moralité à recevoir des États-Unis.
93. Si on intervient, on sera obligé d'envoyer 500 000 hommes.
94. Il y a des sans-abri dans le quartier Hochelega-Maisonneuve.
95. Il ne faut pas investir dans les industries de guerre.
96. Les tramways fonctionnent à Sarajevo. La paix est inévitable.
97. Si on lève l'embargo sur les armes, il va falloir évacuer des Casques bleus et les Bosniaques vont crever.
98. Le Canada est trop endetté pour envoyer des troupes en Bosnie.
99. Un Québec indépendant n'aura pas les ressources pour aider les autres.
100. Les Serbes ont réussi leur conquête de la Bosnie.
101. Tous les Bosniaques sont morts.

Le général canadien Lewis MacKenzie pour la solution serbe en Bosnie

Alain Horic

> [It is] a mistake to threaten force even if only to assure the delivery of aid as it risks deeper military involvement and could make the Bosnian Muslims more determined to resist compromise.

Qui préconise la répression de la résistance par la famine et contre qui ? Hitler contre les Juifs ? Staline contre les Ukrainiens ? Ou Saddam contre les Kurdes ? Aucune de ces réponses. La citation en exergue est du général canadien Lewis Mackenzie contre les Bosniaques, au cours d'une déposition devant la Commission des forces armées du Sénat américain en août 1992. Une prise de position lourde de sens.

Le général MacKenzie lançait alors des mises en garde au monde contre l'intervention militaire en Bosnie. Il estimait qu'une escorte militaire de convois d'aide humanitaire serait un premier pas vers l'enlisement, et concluait qu'il n'y avait pas de solution militaire en Bosnie. Ces avertissements coïncidaient étrangement avec ceux des dirigeants serbes, intimidation et menaces en sus.

Le général MacKenzie s'est fait connaître par ses déclarations stratégiques, militaires, politiques, sociologiques, ethnologiques, historiques et psychologiques sur cette guerre d'occupation qu'il qualifiait, dans un bel euphémisme, de « civile ». Les trois quarts du territoire militairement conquis, des villes assiégées, l'arsenal de guerre complet : aviation, artillerie et blindés, ne trompaient que les illettrés ou les gens de mauvaise foi.

En qualité de commandant des forces de l'ONU à Sarajevo de mars à août 1992, disposant du pouvoir et d'une tribune médiatique, il allait se faire valoir comme juge, créant la confusion autour de la nature et de la portée de son mandat. Sur le terrain, il allait interpréter et appliquer ce mandat à sa seule discrétion, sans que les autorités bosniaques puissent en connaître les détails.

Un massacre en continu à deux pas des Casques bleus

Dès la prise en charge des installations de l'aéroport de Sarajevo, nous savions, par la voie des médias, que le général MacKenzie devait dégager des forces serbes un bon périmètre autour des pistes. Il n'en fit rien. Elles sont demeurées proche des bâtiments et de la piste, à deux pas des Casques bleus. Elles furent la cause directe de nombreux incidents que le général impute aux Bosniaques ou, à défaut, aux deux parties.

Informé et convié par les autorités bosniaques à se rendre au camp de détention au bout de la piste de l'aéroport, dans la localité de Kula, renfermant 500 à 800 personnes et par lequel 30 000 civils ont transité, le général avait répondu qu'il n'avait pas le mandat de le faire. Par contre, en vertu du même mandat, il avait supervisé des échanges de prisonniers.

D'autres faits et gestes, analyses et jugements publics sur les parties en présence allaient contribuer à la dégradation des relations entre le général et la présidence bosniaque, ainsi qu'entre le commandant, les Casques bleus et la population de Sarajevo qui les avait accueillis en mars avec des fleurs. Les journalistes prenaient note des tensions survenues entre le commandant, les autorités et la population civile.

Lors de l'arrivée des Casques bleus, la population assiégée, meurtrie et affamée de Sarajevo voyait en eux des protecteurs. Elle allait vite déchanter, constatant que les soldats ne s'aventuraient que rarement à l'extérieur du périmètre de leurs véhicules. La population commençait à reprocher aux soldats de ne rien voir des destructions de la ville et des souffrances réelles de ses habitants ; et à leur commandant, à mesure de ses sorties médiatiques et de sa propension au vedettariat, d'être insensible aux massacres et de faire preuve de partialité en faveur des forces serbes qui les attaquaient et les détruisaient.

Traitant les agresseurs avec équanimité, évitant de les offenser en les nommant, tout en déversant sa mauvaise humeur sur les Bosniaques, le général MacKenzie s'attirait la réprobation populaire. Ses soldats assistant passivement au massacre de la population, sans compassion apparente, il devenait évident aux résidents de Sarajevo que le mandat et l'action humanitaire des forces de l'ONU consistaient à nourrir la mort et avaient été vidés de leur substance humaine. Ils y virent une duperie, une trahison.

L'animosité culmina lorsque le général affirma que les Bosniaques se massacraient eux-mêmes pour apitoyer l'ONU, afin de provoquer une intervention étrangère. En d'autres mots, que les victimes se donnaient la mort par pulsion masochiste. Ce disant, le commandant ajoutait le mépris à l'insulte.

Les griefs à son endroit se multiplièrent. La population mécontente l'accusa de parti pris et fit circuler une pétition, recueillant quelques milliers de signatures. La pétition, qui fut remise aux responsables de l'ONU, demandait le remplacement du général. Six mois après sa nomination il fut démis de ses fonctions.

Une complaisance transparente envers les agresseurs

Au mépris des résolutions de l'ONU, le général préféra récrire sur place sa propre version des faits et sa définition des notions d'agresseur et d'agressé. Il commença par confondre les forces de l'ordre du gouvernement bosniaque avec les assaillants serbes, les traita uniformément de belligérants entre lesquels « on ne peut distinguer les bons des mauvais ».

Prodigue de critiques envers les autorités bosniaques qui, selon lui, ne méritaient ni estime ni sympathie, il fut d'une complaisance transparente envers les agresseurs serbes auxquels il ne fit allusion que par la dialectique des « responsabilités partagées ».

Il nous fit part de ses recherches qui font état d'hostilités séculaires qui se confrontent dans un conflit inextricable. En affirmant que les deux côtés sont « animés par une haine profonde », le général Mackenzie suscita la colère du président Alija Izetbegovic qui le décrivit comme un « homme ignorant », ne connaissant rien de la tradition proverbiale de tolérance, de convivialité entre mulsulmans, catholiques et orthodoxes, ni de l'ouverture historiquement pluraliste de la société bosniaque.

Sa myopie l'empêchait de voir que les Serbes de Sarajevo se battaient aux côtés de musulmans et de catholiques pour préserver ce modèle de société contre l'extrémisme de la folie grand-serbe.

La stratégie des assaillants serbes consistait à assiéger les Bosniaques, à leur couper les vivres, les soins, l'eau et l'électricité, puis à les pilonner pour les ensevelir dans les ruines de la cité. Entreprise stratégique conçue pour briser leur résistance par les armes et la famine. Assez pour convaincre le général de l'inutilité de ravitailler les 380 000 habitants de Sarajevo. Il ne lui restait qu'à transmettre le message aux instances de l'ONU qui, selon lui, devaient à leur tour se demander si leurs efforts étaient encore utiles et s'il valait encore la peine de risquer la vie des soldats.

Selon la logique du général MacKenzie, ce ne serait pas le rôle des soldats de risquer leur vie ; ce serait plutôt celui des journalistes, plus nombreux que les militaires à être tombés. Le courage et la bravoure portent plutôt l'habit civil des journalistes, des secouristes et de la population bosniaque. Il faut rendre hommage toutefois à quelques Casques bleus canadiens qui se sont portés au secours des victimes au mépris du danger, refusant l'alibi du mandat, sauvant ainsi l'honneur militaire.

Faut-il s'étonner d'entendre notre général déclarer que la situation était pire à son départ qu'à son arrivée ? En effet, l'offensive serbe s'est amplifiée, la destruction de la ville avancée, les morts et les blessés se sont multipliés par milliers. Les fonctions du général MacKenzie s'achevèrent à Sarajevo sur un bilan désastreux, tragique pour les Bosniaques.

Le voilà en tournée européenne, américaine et canadienne. Le monde était à l'écoute d'un homme qui revenait de la guerre couvert de médailles médiatiques. Il nous dévoilait les enseignements de l'histoire en prévenant le monde qu'il ne fallait pas menacer les Serbes, ni les acculer au mur, car cela se traduirait par un échec militaire des puissances mondiales et la prise en otage des Casques bleus.

Selon les conseils du général, en attaquant les Serbes, vous vous rangiez du côté du pouvoir bosniaque. Il affirma que ce n'était pas une bonne idée. Le général insistait sur l'idée que « désigner les Serbes comme les tueurs de femmes et d'enfants n'est pas une bonne base de négociations ».

Les ayant vu s'acharner sur les civils, il vantait la férocité et l'invincibilité des Serbes. Impressionné, il tenait à prévenir l'ONU et autres velléitaires dans un effort de dissuasion. C'est dire qu'il faisait sienne l'idée de la prétendue puissance serbe, mythe et outil de propagande d'intimidation conçus à Belgrade par Milosevic, à l'image de son jumeau Saddam avant la guerre du Golfe, avec la fameuse « Mère de toutes les batailles » qu'il allait livrer à l'Occident. Son éloge de la lâcheté a séduit, avec soulagement, les chefs d'État et leurs militaires.

Comme la plupart des stratèges qui ont brandi l'épouvantail de la peur et de la démission pour décourager l'intervention, le général fut démenti sur le terrain où des civils, pour l'essentiel, résistaient avec des armes archaïques à la supériorité écrasante de l'arsenal de guerre serbe. Les Serbes avaient raflé la majeure partie du territoire bosniaque sans substantielle défense en recourant à la ruse byzantine pour désarmer les îlots de résistance, puis aussitôt entreprendre les massacres. Sauvages avec les femmes et les enfants, lâches, à force égale, devant le fusil adverse.

Des propos repris par la propagande serbe

On n'est nullement surpris de retrouver le nom du général MacKenzie dans une page de propagande de SerbNet Inc., dans le *New York Times,* à l'effet que le massacre des civils devant une boulangerie de Sarajevo fut commis par les Bosniaques. À l'appui, cette publicité cite les propos du général selon lesquels les victimes s'auto-assassinent pour gagner la sympathie internationale. SerbNet, qui propage les idées grand-serbes aux États-Unis et fait passer les Serbes pour victimes d'agression et de génocide, engageait le général MacKenzie en 1993, aussitôt après sa sortie des rangs de l'armée canadienne, pour une tournée de conférences où il défendra la cause serbe.

Toutes les ressources furent mises en œuvre pour décourager une intervention militaire qui mettrait fin pourtant à la guerre et à l'agression en Bosnie. Tous les arguments y passaient : de l'enlisement des forces armées au désastre militaire, tout visait à dissuader les puissances mondiales de porter secours à un peuple en danger de mort. Le général MacKenzie allait plus loin, il recommandait l'abandon militaire et humanitaire de la Bosnie.

L'inaction et l'abandon ne servaient qu'à la réalisation des objectifs serbes. L'attente, la temporisation, les palabres autour du fallacieux maintien de la paix en temps de guerre ne servaient qu'à cette fin : gagner du temps pour la partie serbe et sa *solution* qui progressait sur le terrain. Ainsi, lorsque le général affirmait qu'il n'y avait de solution que « politique », le facteur temps consacrait la loi du plus fort jusqu'à l'entérinement politique du fait accompli par les armes.

Ce faire-semblant, ce laisser-faire épousait la stratégie meurtrière de la Serbie, la confortait et l'encourageait dans la poursuite de sa guerre de conquête, de massacres et de destruction, afin qu'elle puisse terminer impunément son entreprise sinistre. Le général avait fait siens l'objectif, la pratique, les méthodes et l'option d'une Bosnie serbe ethniquement pure, la solution finale qui visait à parquer les survivants du génocide dans un ghetto. Le forfait accompli, les Serbes demandaient à leurs parrains de la CEE et de l'ONU, à Genève, la légalisation du butin territorial, des crimes, du génocide et de la partition de la Bosnie.

Pour ce faire, outre l'écrasement de la résistance par les armes de l'intérieur, il fallait exercer des pressions militaires, politiques et humanitaires de l'extérieur. Le général MacKenzie y excellait. Puisque sur le terrain les forces serbes ne venaient pas à bout des derniers îlots de résistance, il leur fallait le concours d'intervenants qui avaient d'autres moyens. Ces derniers étaient nombreux et des plus efficaces.

Sachant les Bosniaques sans moyens de défense légitimes, l'ONU maintient toujours son embargo sur les armes à destination de la Bosnie. Cet embargo du Conseil de sécurité constitue à lui seul un crime contre l'humanité. Refusant d'intervenir militairement pour secourir les victimes, il autorise les criminels de guerre à poursuivre leur action jusqu'à l'anéantissement total, grâce à la puissance meurtrière de feu dont ils disposent en exclusivité.

Pour sa part, le général proposait l'embargo sur les vivres et les médicaments, ultime recours qu'il conjuguait aux efforts des Serbes pour obliger les Bosniaques à plier, puisque la poursuite de l'acheminement de l'aide risquait de rendre les musulmans plus déterminés à résister au compromis que l'armée serbe leur imposait. À cet obstacle, il choisissait d'ajouter la menace de la famine. Il proposait d'affamer la population désarmée afin de briser sa détermination de résistance. La purification ethnique pouvait s'accomplir plus rapidement en affamant ses ennemis. L'histoire nous enseigne que Staline a fait mourir par la famine des millions d'Ukrainiens.

Ces mesures drastiques, ces pressions servaient à contraindre les Bosniaques perdants à s'asseoir à la table de négociation, à céder au compromis de la capitulation et à signer la reddition. Ce que le général canadien préconisait visait à briser la résistance de la population, de l'État bosniaque qui se battait pour sa survie et pour celle de son gouvernement démocratiquement élu, reconnu par le Canada. Un parti pris inadmissible et scandaleux contre le droit, la légalité et le pouvoir civil.

Le général MacKenzie s'est arrogé le pouvoir des décideurs politiques et diplomatiques, il s'est abusivement servi de la tribune médiatique mondiale sous le couvert du mandat onusien. La traduction littérale de cet extrait de sa déposition l'incrimine :

> [Ce serait] une erreur de menacer de recourir à la force, même si ce n'est que pour assurer la livraison d'aide, car cela risquerait d'approfondir [notre] implication militaire et pourrait rendre les Musulmans bosniaques plus déterminés à résister au compromis.

Préconiser la répression de la résistance bosniaque par la menace de la famine relève d'une stratégie morbide qu'il faut dénoncer publiquement.

Lewis MacKenzie, général canadien et commandant de l'ONU au service de la cause fasciste serbe

La tournée nord-américaine du général MacKenzie en mai 1993 fut parrainée et financée par le groupe SerbNet (abréviation de Serbian American National Information Network), organe de propagande et de désinformation des organisations nationalistes serbes. SerbNet a confirmé qu'il avait payé M. MacKenzie, et ce dernier l'a lui-même avoué à *Newsday*.

SerbNet indique que le général canadien est apparu à l'émission télévisée nationale de Larry King, aux tables rondes radiodiffusées, qu'il a rencontré la rédaction de *U.S. News and World Report* et 10 journalistes du bureau de Washington de l'Associated Press, qu'il a donné des interviews au *Washington Times*, au *National Journal*, à *Time Magazine* et à la station de radio ABC. Il a rencontré aussi plusieurs éditorialistes du *Washington Post* et est apparu sur CNN. Durant toute la tournée, y compris lors de sa déposition au Congrès des États-Unis, le général MacKenzie n'a révélé à aucun de ses interlocuteurs qu'il était payé par les Serbes américains pour les désinformer.

L'ancien commandant en chef des forces des Nations unies en Bosnie a ainsi effectué une tournée de propagande financée par un groupe de pression serbo-américain durant laquelle il a déconseillé toute intervention militaire en Bosnie, louangé l'invincibilité et les vertus guerrières des Serbes et argué que tous les *belligérants* sont indistinctement et indissociablement coupables et responsables d'atrocités, de sorte que l'image de victimes des Bosniaques musulmans est fausse. Fallait-il qu'il soit bien payé pour oser faire des insinuations en contradiction avec tant de rapports établis par l'ONU, par les États-Unis, par les organisations humanitaires et de défense des droits de l'homme, puis par la commission de l'ONU sur les crimes de guerre dans l'ex-Yougoslavie (dont l'enquête se poursuit) par la voix de Cheriff Bassiouni (mai 1994). Cette commission constate que 80 % des crimes en Bosnie-Herzégovine ont été commis par les Serbes et que 90 % des victimes étaient des Bosniaques musulmans.

Lors de sa déposition devant la Commission de la Chambre à Washington, le général MacKenzie proposait l'établissement d'un petit État musulman en Bosnie centrale. Cette suggestion ouvrait la voie à la création d'une grande Serbie racialement pure et clôturait un terrain de chasse et un réservoir de gibier humain constitués de musulmans bosniaques survivants. Logiquement, il ne restait au général qu'à devenir la vedette d'un film d'une demi-heure produit par les Serbes et intitulé *En Bosnie, la victime c'est la vérité*.

Qui après cela oserait parler de la neutralité, de l'impartialité et de l'objectivité du major-général Lewis MacKenzie, sachant qu'il a été payé par les nationalistes serbo-américains, partisans de l'agression et de la conquête serbe ? Informé de l'engagement du général MacKenzie par SerbNet, le délégué du gouvernement bosniaque auprès de l'ONU, Muhamed Sacirbey, confie à Roy Gutman (correspondant de *Newsday* en Europe, prix Pulitzer pour avoir révélé l'existence des camps serbes et auteur du livre *Bosnie, témoin du génocide*, dans lequel il consacre tout un chapitre au général canadien) : « Le général MacKenzie a montré son parti pris dès le début. Cela pose la question de savoir s'il était acheté et payé dès le début. »

De mars à août 1992, pendant une période cruciale pour la sauvegarde de ce jeune État de droit démocratique et pluraliste, le général MacKenzie à Sarajevo s'est fait porte-parole de la propagande serbe conçue à Belgrade en affirmant à son tour que les tueurs et leurs victimes étaient indistinctement coupables d'atrocités. Lorsque les assiégeants serbes tirent et tuent des civils à Sarajevo, il accuse les victimes de se donner la mort dans l'espoir d'émouvoir l'opinion mondiale. Il menace les puissances occidentales d'enlisement et d'échec si elles s'avisaient d'intervenir militairement. Il a réussi non seulement à empêcher toute intervention, mais à convaincre l'ONU de refuser aux Bosniaques l'armement nécessaire à leur survie.

Pendant que le général MacKenzie les protégeait de toute interférence extérieure, les agresseurs serbes ont pris et occupé sans grande résistance — la Bosnie n'a ni tradition militaire ni armée propre — plus de la moitié du pays. La chasse aux Bosniaques musulmans et catholiques est ouverte, les pillages, les massacres, les viols et les destructions ont cours sur le territoire occupé. Le génocide est pratiqué sur une grande échelle, les camps de concentration sont ouverts. D'avril à juillet 1992, les camps de la mort fonctionnent à plein rendement, le siège de Sarajevo est consolidé.

En mai 1992, les bulletins officiels du gouvernement bosniaque signalent à tous les intéressés, à Sarajevo et ailleurs, l'existence des camps de détention et de concentration. Le président bosniaque informe personnellement François Mitterrand des meurtres systématiques commis dans les territoires et les camps contrôlés par les Serbes, et lui en fournit la liste lors de la visite du président français à Sarajevo, le 28 juin 1992. Les forces commandées sur place par le général MacKenzie, les hautes instances de l'ONU, les chancelleries des grandes puissances savaient tout sur les atrocités perpétrées par les Serbes en Bosnie-Herzégovine dès juin 1992. Une conspiration du silence criminelle étouffait sciemment le scandale du génocide jusqu'à ce que, le 2 août, le journaliste Roy Gutman le dévoile dans *Newsday* à l'opinion mondiale. Le général, qui parcourait souvent le territoire sous occupation serbe, en savait autant sinon plus sur l'existence des camps de la mort que les capitales mondiales honteuses.

Le bilan qui précède découle de recherches et de compilations des déclarations du général MacKenzie, des faits et commentaires rapportés dans les médias écrits d'Europe et d'Amérique, à l'exclusion des journaux croates et bosniaques. Il couvre le trajet du général depuis son arrivée en poste à Sarajevo jusqu'à son retour au Canada. Cette matière touffue l'accable. De la somme de ses propos, soumis à une analyse chronologique fouillée, se dégagent une constante et un parti pris dont la logique ne se dément pas. Cette documentation montre que notre général canadien, dont la carrière militaire fut bâtie et payée par nos taxes, avait œuvré pour une cause meurtrière au nom de laquelle les Serbes commettaient des crimes de guerre et des crimes contre l'humanité par dizaines de milliers.

Dans l'entrevue que le général accordait à Zagreb à Sylviane Tramier, publiée dans *Le Devoir* le 10 mars 1994, nous lisons ce passage : « Le général MacKenzie ne s'est pas fait des amis chez les Musulmans bosniaques à Sarajevo. Jugé trop favorable aux Serbes, il a même été accusé de viol et de meurtre de femmes bosniaques. Une photo le montrant avec trois femmes bosniaques en pleurs a circulé. Ces femmes, ces présumées victimes, étaient en réalité des secrétaires, prises en photo le jour de son départ, explique-t-il. Il les a revues, du reste, cette semaine à Sarajevo. »

Ce passage veut nous prouver que les Bosniaques ont recours à toutes sortes de calomnies pour ternir l'image du général. Pourtant, abstraction faite de ladite photo, pour les autorités bosniaques il ne s'agit pas d'une boutade. Dans la publication *EIR Special Report-The United Nations*, au chapitre intitulé « United Nations Crimes in Bosnia-Herzegovina : Three Case studies », le premier cas est consacré à notre général (« Case No 1 : General Lewis MacKenzie »). Parmi trois cas de crimes présumément commis par des membres de la FORPRONU sous investigation en Bosnie-Herzégovine, l'un est imputé au général Lewis MacKenzie, durant son séjour à Sarajevo. Le 25 novembre 1992, le procureur du district militaire de Sarajevo de la République de Bosnie-Herzégovine, Mustafa Bisic, ordonnait l'ouverture d'une enquête sur le viol présumé par le général MacKenzie de quatre femmes bosniaques, détenues avec d'autres femmes par les Serbes dans le camp Chez Sonja à Vogosce, localité proche de Sarajevo. Le général serait venu à ce camp de viol et de mort, mis sur pied par les tchetniks serbes, en compagnie de deux autres membres des forces de l'ONU, dans une voiture portant l'insigne

« UN ». Nous ignorons si l'enquête est terminée et si le Secrétaire général Boutros Boutros-Ghali, à la demande du gouvernement bosniaque, a procédé à la levée de l'immunité onusienne qui exemptait le général MacKenzie d'être interrogé relativement aux charges qui pèsent contre lui. Le détail de ces charges (pages 216 à 219) prévoit qu'une fois l'enquête complétée, si le procureur le juge à propos, le dossier puisse être transmis au Tribunal international pénal sur les crimes de guerre commis dans l'ancienne Yougoslavie, pour la poursuite de la procédure et décision.

La liberté de presse
au péril de sa vie

Pierre Vallières

SARAJEVO — « Il faut être fou pour choisir librement de rester à Sarajevo, même au plus fort des bombardements », dit Goran Todorovic, ancien directeur de la revue politique *Valter* et journaliste indépendant. « Mais je suis né ici. Sarajevo est ma ville. C'est ici que j'entends continuer à vivre, coûte que coûte, librement et debout. Pas à Paris, Vienne ou Londres. » Ce choix, des dizaines de journalistes bosniaques l'ont fait, en toute liberté et connaissance de cause.

Il faut savoir que les journalistes bosniaques obtiennent généralement, sans aucune difficulté, une carte de presse qui leur permet de sortir de Sarajevo et de Bosnie-Herzégovine pour se rendre à l'étranger. À ce titre, ils sont en quelque sorte des privilégiés, car extrêmement rares sont ceux qui bénéficient à Sarajevo de cette liberté.

Or, si certains journalistes en ont profité pour quitter à jamais Sarajevo, ou encore pour exercer le métier de correspondant d'*Oslobodenje* à l'étranger, plusieurs dizaines d'entre eux, une centaine vraisemblablement, sont restés aux côtés de leurs concitoyens, même au prix, comme dans le cas de Goran Todorovic, d'une séparation cruelle d'avec tous les membres de leur famille. Au risque aussi, quotidien, d'être blessé, tué, kidnappé ou torturé.

Faut-il voir dans l'apparente *complaisance* des combattants serbes à laisser sortir les journalistes de la souricière une autre manière de se débarrasser de ces témoins encombrants ? Toujours est-il que si les combattants serbes

PIERRE VALLIÈRES est écrivain, journaliste et militant.

abattent rarement les journalistes qui prennent l'avion sous la protection des Casques bleus, ils ne se sont jamais gênés, en revanche, pour tirer à vue sur les journalistes et photographes qui osent défier la terreur sur place pour accomplir leur travail.

Depuis le début de la guerre, les victimes se comptent par dizaines et plus aucune compagnie au monde n'accepte désormais d'assurer la vie d'un journaliste qui réside ou se rend à Sarajevo. Comme cela est écrit noir sur blanc sur l'endos des cartes délivrées par le Haut commissariat aux réfugiés, l'ONU ni aucun autre organisme n'est responsable des activités ou du sort des journalistes, ni des autres individus autorisés à entrer ou sortir de Sarajevo.

« Le prix à payer pour rester libre est très lourd pour nous. Mais nous sommes fiers de le payer, et pas seulement pour l'honneur de Sarajevo. La liberté n'a pas de prix. » Celui qui parle ainsi est l'éditeur en chef d'*Oslobodenje*, Mehmed Halilovic, qui, depuis quelques mois, a remplacé à ce poste Kemal Kurspahic, aujourd'hui correspondant du journal à Washington.

Après trois ans de guerre, *Oslobodenje* compte à lui seul plusieurs victimes : neuf personnes tuées ou disparues et une vingtaine blessées, dont certaines gravement. Le plus célèbre quotidien de Bosnie-Herzégovine a été la cible des bombardements et des tirs des *snipers* dès le premier jour des hostilités. A certains moments, il tombait sur l'édifice du journal et dans les environs immédiats plusieurs centaines d'obus et de grenades à la minute.

« C'était l'enfer », raconte Salko Letic, qui avait et a toujours la périlleuse mission de transporter en automobile les journalistes et autres artisans d'*Oslobodenje*, de les conduire à l'hôpital si nécessaire, d'apporter les articles à l'imprimerie puis, au retour, les exemplaires du journal au centre-ville. Salko a été blessé à trois reprises depuis le début de la guerre et il n'est pas peu fier d'avoir survécu au vu et au su des tireurs serbes qui encerclent encore aujourd'hui le quotidien et qui, lors de notre passage, s'amusaient à tirer sur les étages totalement dévastés de l'édifice.

Ce n'est pas sans raison qu'*Oslobodenje* est devenu l'un des principaux symboles non seulement de la résistance bosniaque (ce qu'il était d'ailleurs dès sa fondation en 1943 pendant l'occupation nazie), mais aussi de la liberté de presse et d'opinion dans le monde. Surtout que, malgré la guerre et l'état de siège, il a réussi à maintenir l'idéal politique pluriethnique et pluriconfessionnel de Sarajevo et de la Bosnie-Herzégovine.

« Ce choix éditoral, assure Mehmed Halilovic, nous ne le sacrifierons jamais. Nous ne représentons pas une ethnie, une religion ou un parti, mais le peuple tout entier de Bosnie-Herzégovine. Ce peuple s'est forgé successivement, depuis l'empire romain, la chrétienté, la présence ottomane, l'arrivée des Juifs sépharades expulsés d'Espagne en 1492, puis l'intégration dans l'empire austro-hongrois. Tout cela a fait de nous, particulièrement à Sarajevo, un microcosme de l'Europe. Voilà pourquoi nous ne voulons à aucun prix sacrifier l'idéal démocratique et culturel de coexistence, de tolérance et de respect sur lequel notre pays s'est édifié. C'est cet idéal de démocratie pluraliste que le fascisme serbe voudrait bien pulvériser, ici, à Sarajevo. D'où notre résistance acharnée. »

Mehmed Halilovic rappelle qu'avant même le déclenchement de la guerre, les autorités de Bosnie-Herzégovine (surtout les Serbes, s'empresse-t-il de préciser) voulaient qu'*Oslobodenje* se scinde en trois quotidiens distincts : un serbe, un croate et un musulman. « Nous avons refusé ce plan de partage du journal et nos lecteurs nous ont massivement appuyés. Après le déclenchement de la guerre, nous avons fermement maintenu cette ligne éditoriale. Nous sommes un journal indépendant même si, dans les circonstances actuelles, nous soutenons pleinement la résistance du peuple et des autorités de Bosnie-Herzégovine. »

Avant la guerre, *Oslobodenje* était beaucoup plus qu'un quotidien. C'était l'entreprise de presse la plus importante de Bosnie-Herzégovine. Outre l'actuel journal, elle éditait un autre quotidien, sept hebdomadaires et dix-huit revues différentes (cinéma, sport, mode, politique, etc.) qui étaient distribuées dans toute la Yougoslavie.

Oslobodenje comptait alors 1 300 employés et était subdivisé en petites sociétés autonomes (autogérées). *Oslobodenje* tirait en moyenne, avant la guerre, à 75 000 copies par jour, alors que le tirage global des publications du groupe atteignait le million d'exemplaires. À l'exception d'*Oslobodenje*, toutes ces entreprises ont cessé leurs activités lors de la destruction du siège social.

Actuellement, à cause des faibles stocks de papier, le quotidien imprime de 5 000 à 7 000 copies par jour, incluant le dimanche. Il n'est pas distribué en dehors du centre de Sarajevo. Pour des raisons d'économie, la direction a adopté le format tabloïd standard. Le nombre de pages est habituellement de seize. Au plus fort des bombardements, les éditions du quotidien ne comportaient souvent que quatre ou huit pages. Les journalistes en faisaient eux-mêmes la distribution de main à main, personne d'autre à Sarajevo ne voulant faire ce travail terriblement dangereux.

« Jamais, même dans les pires moments, le journal n'a cessé de paraître. Mais notre survie est extrêmement précaire », tient à souligner l'éditeur. En fait, *Oslobodenje* n'a réussi à sauver qu'une seule presse offset, une Koebau Express n° 5 de fabrication allemande, vieille de 15 ans environ. C'est d'ailleurs l'unique presse de tout Sarajevo ! Lorsque les stocks de combustible, d'encre et de papier le permettent, *Oslobodenje* édite aussi un hebdomadaire du dimanche, *Nededja*. Il imprime en plus, contre rémunération, un hebdomadaire indépendant, *Bosna*, qui tire à 4 000 copies environ.

Les positions serbes sont à moins de 200 mètres du quotidien. Si l'étau se resserre encore davantage et si les bombardements massifs reprennent, le journal pourrait cesser de paraître. Il suffirait pour cela qu'aucun stock de combustible ou de papier ne lui parvienne ou encore que l'unique presse encore en état de fonctionner soit touchée à son tour par les obus serbes.

Depuis quelques mois, grâce à l'appui d'investisseurs indépendants, *Oslobodenje* publie une édition hebdomadaire à Ljubljana, capitale de la Solovénie. Cette édition est distribuée principalement en Slovénie et en Croatie, mais aussi dans certaines capitales d'Europe de l'Ouest.

Oslobodenje a aussi mis sur pied une agence de presse, *Onasa*, qui publie quotidiennement, en matinée et en soirée, plusieurs dépêches en deux éditions : anglaise et bosniaque. L'édition anglaise des dépêches est assurée par un journaliste américain qui s'est porté volontaire pour accomplir cette tâche à temps plein. Comme les autres journalistes d'*Oslobodenje*, une soixantaine en tout, il n'est pas rémunéré. Il loge chez Mehmed Halilovic, qui est très fier de souligner cet exemple concret de solidarité journalistique « sans frontières ».

En attendant une paix qui ne vient pas, *Oslobodenje* a aménagé sa salle de rédaction au troisième étage d'un édifice de l'avenue Marsala Tita, à proximité du marché Markale. L'équipement est extrêmement réduit : deux ou trois machines à écrire, deux ordinateurs personnels, une imprimante, un téléphone, quelques bureaux et classeurs. Chaque jour, les articles sont acheminés par automobile à la salle des presses, située au deuxième sous-sol de ce qui était autrefois le siège social. C'est à côté de cette salle, dans l'abri souterrain *anti-atomique*, que pendant toute la durée des bombardements les journalistes affectés au pupitre central travaillaient pendant sept jours consécutifs sans sortir du sous-sol, puis bénéficiaient d'un congé de sept jours.

Même si les bombardements ont diminué d'intensité à Sarajevo, il y a en permanence une équipe réduite de journalistes dans l'abri. Mais ils n'y dorment plus. Ils font plutôt la navette entre le sous-terrain et le centre-ville, empruntant chaque jour la dangereuse *Snipers' Alley*. C'est à ce prix qu'il y a encore une presse, et de surcroît une presse libre, à Sarajevo.

Les artistes au premier rang de la résistance

Pierre Vallières

SARAJEVO — Fuad Hadzihalilovic, directeur du Collegium Artisticum Centar de Sarajevo, n'est pas peu fier de nous montrer les originaux des célèbres affiches dessinées par le groupe Trio dont sa fille Dalida et son fils Bojan font partie. Ces affiches, souligne-t-il, « ont été créées dans des conditions de guerre totale, alors que Sarajevo était totalement privée de papier, d'encre, d'électricité et d'eau. Nous n'avions que de la volonté. »

De ces affiches sans prix ont été tirés des posters imprimés à l'endos de vieilles cartes géographiques et des cartes postales imprimées, elles, sur du papier fin acheté difficilement au marché noir. Cette production d'images créées au plus fort des bombardements et de l'état de siège a permis de briser l'encerclement et d'inciter la résistance à tenir bon.

Parmi ces affiches, on trouve la fameuse bouteille de vodka rebaptisée « Absolut-Sarajevo », c'est-à-dire « forte en tolérance et en coexistence selon une tradition vieille de 800 ans et fabriquée à partir d'un authentique mélange de citoyens bosniaques : Musulmans, Serbes, Croates, Juifs, Tziganes et autres parfums spécifiques... » Des affiches américaines célèbres ont aussi été détournées, revues et corrigées, comme cette Marilyn Monroe penchée sur un balcon et qui, au lieu de contempler New York, regarde, médusée, les ruines de Sarajevo, cette géographie urbaine de l'horreur et de la désolation.

A l'occasion du dixième anniversaire des Jeux de Sarajevo, les cartes postales du groupe Trio ont aussi détourné et corrigé les symboles olympiques. Les trompettes ont été remplacées par des canons. Les célèbres anneaux sont devenus des cercles de barbelés. Les artistes ont voulu rappeler que des cimetières ont aujourd'hui envahi les espaces olympiques et que « les Jeux de Sarajevo », en 1994, constituent une course quotidienne contre la mort.

Sarajevo est, en effet, une chasse gardée pour les *snipers* et les miliciens serbes. Chaque citoyen de la ville est parfaitement conscient qu'à tout instant, en se rendant au marché ou au travail, en promenant ses enfants ou simplement en profitant du soleil, il peut être atteint par une balle, une grenade ou un obus. Avant d'arriver au Collegium Artisticum Centar, situé dans un centre d'achat protégé par la Force de protection des Nations unies (FORPRONU), on nous avait prévenus : « Soyez sur vos gardes. Les tireurs serbes vous ont à l'œil en ce moment. Ils peuvent tirer sur vous comme sur nous, vous tuer, comme ça, pour rien. »

Curieusement, les locaux occupés par le Collegium Artisticum servaient en 1984 à la remise des médailles olympiques. Aujourd'hui, comme le proclame une affiche, ils servent à remplacer la célèbre expression de Shakespeare, *to be or not to be*, par : *to be, to be, to be*, même au centre du pire des enfers. Vivre à tout prix.

C'est avec cette volonté de vivre que Milomir Kovacevic a, depuis le début de la guerre, il y a maintenant trois ans, multiplié les clichés et bâti une exceptionnelle exposition de photographies en noir et blanc, présentée au Collegium Artisticum pendant plusieurs semaines. Les dizaines de photos de l'exposition racontent la vie quotidienne sous les bombes, alors que les citoyens de Sarajevo devaient se terrer dans les sous-sols pour échapper à la mort. Devant chaque photo, l'auteur a placé une chandelle blanche qui, à la fois, rappelle l'unique éclairage alors disponible, souvent aussi l'unique source de chaleur, et rend un hommage silencieux, presque religieux, aux milliers de victimes de la guerre. Une exposition qui se visite en silence et qui se passe de commentaires.

Une autre exposition, conçue par Fuad Hadzihalilovic, souligne l'ingéniosité sans égale des citoyens de Sarajevo. Intitulée *Sarajevo's Life Engineering*, cette exposition regroupe plusieurs dizaines d'objets incroyables inventés pour survivre dans les pires conditions : des lampes fabriquées à partir de rien, des génératrices construites avec des pièces de bicyclettes, des réchauds pour le café faits de boîtes de conserve, des chariots pour le transport de l'eau faits de vieux jouets, de traîneaux, etc.

L'art de guerre exige beaucoup d'efforts. Rien n'est facile à Sarajevo dont l'infrastructure est détruite et où manquent, entre autres, le papier, l'encre, les imprimeries, les livres, les caméras, les studios et le reste. Pour les artistes, comme pour les journalistes et les universitaires, survivre et surtout créer exige une discipline et une audace peu communes. Or, non seulement les peintres et les graphistes réussissent-ils à créer des toiles, des gravures et des affiches, les photographes à prendre des photos et à les développer, mais, réalisation plus extraordinaire encore, les cinéastes trouvent le moyen de faire des films.

On peut deviner sans mal l'extrême rareté des produits et des équipements nécessaires à la réalisation du moindre court métrage. Et pourtant, grâce au marché noir, à certains appuis extérieurs et à l'utilisation judicieuse de ce qui reste encore d'équipements en état, par exemple dans les studios à moitié détruits de la radio-télévision bosniaque ou dans les bureaux du groupe SAGA, les cinéastes de Sarajevo n'ont pas cessé de réaliser des films.

Les plus connus de ces cinéastes à l'étranger sont ceux du groupe SAGA, un collectif de cinéastes, de scénaristes, de techniciens, de musiciens, de graphistes et d'informaticiens qui, depuis le début de la guerre et de l'état de siège, ne cessent de produire et de diffuser des films. SAGA compte plus d'une vingtaine de courts, moyens et longs métrages à son actif, tous réalisés pendant la guerre. Les films *MGM-Sarajevo* (L'homme, Dieu, le monstre) d'Ademir Kenovic et *Godot* de Pjer Zalica font respectivement 93 et 105 minutes. De plus, SAGA a réalisé, pour le compte de la BBC de Londres, l'ensemble des courts métrages de la série *Street Under Siege* qui montrent au jour le jour les habitants d'une même rue de Sarajevo pendant l'état de siège. Chaque épisode de cette série dure en moyenne six minutes.

Les producteurs, coordonnateurs et cofondateurs de SAGA, Ademir Kenovic et Ismet Arnautalic, ont participé à plusieurs festivals du cinéma bosniaque actuel à l'étranger, notamment à New York, Mexico, Berlin, Milan et Cannes. Mais ils ne sont pas les seuls. D'autres cinéastes indépendants persistent à réaliser des films dans des conditions impossibles. Mentionnons, entre autres, Haris Prolic (*Mort à Sarajevo*) et Vesna Ljubic (*Ecce Homo*). Ce dernier film, d'une durée de 30 minutes et dont le montage vient tout juste d'être terminé, raconte sans parole la tragédie de Sarajevo. L'unique commentaire du film est constitué des prières musulmanes, orthodoxes, catholiques, juives qui, lors des enterrements quotidiens, accompagnent les morts et les vivants de Sarajevo. Un très beau film, d'une dignité et d'une sobriété exemplaires.

Le cinéma de résistance s'ajoute ainsi aux concerts de l'Orchestre symphonique de Sarajevo, aux représentations théâtrales (jouées au Théâtre national et au Kamerni Teatar 55), aux expostions et aux colloques qui, tout au long des hostilités, se sont poursuivis sans interruption dans la ville assiégée. Une seule ombre au tableau : la défection du grand cinéaste bosniaque mondialement connu Emir Kusturica (*Papa est en voyage d'affaires, Le temps des gitans*), passé du côté des Serbes au commencement de la guerre. À Sarajevo, la défection de Kusturica provoque moins la colère qu'une immense tristesse. Toute guerre engendre des ruptures, des confusions dont il est très difficile ensuite de se libérer.

« Qui compose avec le Mal, la barbarie, se perd », notait Bernanos dans *Les grands cimetières sous la lune*. « La résistance au fascisme, rappelle Goran Todorovic, écrivain et journaliste indépendant, demande beaucoup de sens moral et une grande soif de vérité. Des notions comme la solidarité, le partage, le don de soi, trop vite jetées à la poubelle ailleurs, sont ici, à Sarajevo, d'une éloquente pertinence. Mais que l'Occident frileux et distrait ne se fasse pas d'illusions. Le fascisme ne s'arrêtera pas à Sarajevo. »

« Voilà pourquoi nous résistons, enchaîne le cinéaste Ismet Arnautalic. Non pas en tirant des obus, mais en défendant, pouce par pouce, mot par mot, image par image, les valeurs qui nous sont les plus chères : la tolérance, la coexistence, le pluralisme, la vraie démocratie en somme. »

Pendant notre séjour s'est tenu à Sarajevo un atelier sur le rôle de Malraux pendant la guerre d'Espagne. Il faut dire que le siège de Sarajevo dure depuis presque aussi longtemps qu'a duré celui de Madrid. Pour les artistes et les intellectuels bosniaques, la comparaison avec le siège et le bombardement de Madrid, en 1936, s'impose brutalement. Mais, en 1994, contrairement à 1936, les Malraux, Orwell, Koestler, Dos Passos, Hemingway, Auden, Simone Weil, etc., se font rares. Au côté de leur peuple agressé, désarmé, affamé, les artistes de Sarajevo se sentent parfois bien seuls.

Et, au milieu des décombres noircis, ils empruntent ces quelques vers à Bertolt Brecht :

> Vraiment je vis dans de très sombres temps !
> Insensés sont les mots innocents. Un front lisse
> Veut dire insensibilité. Celui qui rit,
> C'est que l'effroyable nouvelle
> N'est pas encore arrivée jusqu'à lui.
>
> Quels temps
> Que ceux où parler des arbres est presque un crime
> Parce que c'est faire le silence sur tant de forfaits !
>
> *À ceux qui naîtront après nous*
> traduction d'Eugène Guillevic

Regard cosmopolite

Réflexion sur le viol des femmes en Bosnie

France Théoret

L'avènement des femmes en politique appartient à notre époque, où elles ne sont pas assez nombreuses pour être influentes. Le féminisme est né d'une prise de position politique à la fin du 18ᵉ siècle avec Mary Woolstonecraft, et Olympe de Gouges relate des périodes d'émergence suivies de *backlash*, comme on le dit aujourd'hui. L'histoire du féminisme n'est pas linéaire, son développement est discontinu. La connaissance que nous avons de son histoire doit réorienter nos perceptions de la réalité.

Maintenant, les événements internationaux sollicitent notre attention et la présence des femmes en politique manque gravement. Je pense avec Hannah Arendt et d'autres philosophes contemporains que ce qui se passe ailleurs a des conséquences ici. Les nombreuses réflexions actuelles sur l'Holocauste doivent féconder notre vigilance. Il a été dit : plus jamais. Si l'histoire régresse dans la barbarie, on ne peut plus dire qu'on ne savait pas.

Nous possédons des informations, nous avons les moyens de savoir ce qui se passe à l'étranger. Bon nombre de femmes sont journalistes professionnelles, ont accès au pouvoir des médias. Faire connaître, provoquer la réflexion, approfondir un sujet d'intérêt concernant les femmes dans le monde est nécessaire si nous désirons maintenir une conscience féministe qui soit ouverte à l'altérité. Il ne suffit plus d'être féministe pour soi-même, pour son groupe, pour une société particulière. Une tragédie concernant les femmes doit être comprise et prise en compte par tous.

FRANCE THÉORET est écrivaine.

On ne peut plus rendre abstraites, conceptuelles, des tragédies lointaines sous prétexte qu'elles ne touchent pas son groupe ou la société qu'on habite. Entre les idées et l'engagement personnel et collectif, il y a, dans une période de morosité, une telle distance qu'on ne s'engage plus, et les prétextes des attitudes de repli sont diversifiés. Une vision cosmopolite est à développer, non pas uniquement en regard des idées générales. Il faut à coup sûr continuer d'enrichir la pensée. Mais il est nécessaire de connaître, de prendre position, la passivité et l'indifférence étant une complicité.

On n'a pas le droit de dire que les conflits mondiaux sont interchangeables. On n'a pas le droit de dire que les torts s'équivalent, que les responsabilités sont partagées. On ne peut pas fondre dans un même tout victimes et bourreaux pour s'en laver les mains, avoir une conscience tranquille, la soulager à moindres frais. On ne peut nier la réalité, agir par dénégation. Nous devons connaître ce qui se passe maintenant et refuser de se taire sur les crimes commis contre les femmes en tant que telles.

Le phénomène du viol des femmes musulmanes en Bosnie est sans précédent. Le fait a été minimisé pour atténuer l'impact sur l'opinion publique, on l'a réduit à une incidence circonscrite, propre aux violences d'une guerre. Après une querelle de chiffres, les médias ont tenté de nous faire croire à des incidents négligeables alors qu'il s'agit d'une vérité insoutenable. La communauté politique et les médias ont banalisé l'importance des viols collectifs, aussitôt suivis, dans beaucoup de cas, d'assassinats. Des viols ont été commis systématiquement et délibérément par les Serbes sur les femmes musulmanes. Ces viols collectifs font partie d'une stratégie d'élimination et de nettoyage ethnique.

Il y a eu également des femmes croates catholiques qui ont été violées, mais c'est la première fois dans l'histoire que des ressortissantes d'un groupe religieux et ethnique sont désignées comme cibles de viols et d'assassinats[1].

Un rapport produit par l'organisation féministe croate Tresnjevka relate l'existence de camps de concentration-bordels. L'organisation en a identifié pas moins de seize. Les femmes âgées de dix à trente ans ont subi, chaque

---

1. Le 28 avril 1994, à la fin de sa tournée aux États-Unis et au Canada, Sanda Raskovic, psychiatre à Belgrade, a à donné l'Université McGill une conférence sur les femmes victimes de la guerre. Elle est la fille de Jovan Raskovic, psychiatre décédé en 1992, qui dans ses écrits a contribué à répandre la mythomanie serbe dont le corollaire est le nettoyage ethnique. Elle a parlé exclusivement du viol des femmes serbes, chiffrant les victimes à huit cents, sans citer un seul organisme international ou humanitaire. Il y avait du cynisme dans ses propos lorsqu'elle a affirmé que les femmes musulmanes soignées à Belgrade ne souffraient, comparativement aux femmes serbes, que des syndromes d'abandon et de séparation. Elle insinuait que les femmes bosniaques musulmanes auraient choisi de se réfugier chez leurs violeurs et tueurs. On appelle ce type de discours : révisionnisme au temps présent.

jour, entre quarante et cinquante assauts sexuels. Il s'en est suivi « des maladies vénériennes, des blessures internes, des privations de nourriture, des tortures et d'autres formes d'humiliation »[2]. On n'en parle pas, c'est le secret le mieux gardé.

Les femmes en âge de procréer qui sont devenues enceintes ont été séquestrées, on les a empêchées d'avorter en leur disant qu'elles devraient mettre au mode un enfant serbe. Celles qui ont pu sortir enceintes de cinq ou six mois n'ont pas pu avorter et plusieurs préféreraient tuer l'enfant à la naissance. Le viol est devenu une arme génétique.

Il s'agit d'un crime que même les nazis n'avaient pas expérimenté. Des femmes portent l'enfant du viol, leur identité et leur avenir sont marqués pour toute leur existence. Chacune d'elles vit individuellement les ravages du fascisme.

Jean-Paul II, qui se distingue encore par son obscurantisme, a demandé aux femmes violées enceintes de garder l'enfant.

Dans le rapport de Tresnjevka, une croate dont le nom n'est pas mentionné dit « qu'elle a écouté les femmes médecins et les victimes pendant des heures, a pris des notes, fait des enregistrements sur bandes et cassettes vidéo. » Elle a déclaré : « Le monde doit simplement savoir que c'est une guerre contre les femmes. »

De ces prisons-bordels, il y a celles qu'on a amenées jusqu'aux tranchées en première ligne pour satisfaire les guerriers. Il y a les disparues, celles qu'on a assassinées, celles que les tchetniks ont entraînées hors les camps, pour les tuer après le viol.

On a violé des fillettes à partir de l'âge de six ans. Une pratique courante a été de violer en présence des membres de la famille : la mère, le père, la fille, le fils, le mari ou les grands-parents, pour amplifier la destruction de la famille, dans le but d'humilier et de dégrader physiquement et psychiquement.

Des femmes ont été violées par des voisins, des enfants par leur instituteur, la cruauté touche le lien social et la vision du passé est détruite. On a fait état de mutilations des organes sexuels, d'empalement, de sévices corporels de toutes sortes.

Le viol a été utilisé comme moyen de terreur, pour chasser les habitants de leur lieu séculaire, pour effectuer le nettoyage ethnique d'un village, d'une ville. Les viols se poursuivent, la guerre n'est pas terminée.

Il est impossible de réduire l'importance de ces viols et de leurs conséquences. Le Dr Zuhra Dizdarevic, de la clinique gynécologique de l'hôpital

---

2. *Le Livre noir de l'ex-Yougoslavie, Purification ethnique et crimes de guerre*, Paris, éd. Arléa, 1993.

Kosevo, à Sarajevo, affirme qu'une situation alarmante a commencé durant l'été 1992. Chaque mois, plus de 400 victimes de viol ont subi un avortement dans cette seule clinique. Il existe d'autres cliniques. Un responsable auprès du gouvernement de la Bosnie, Smajo Ceklic, avance le chiffre de 50 000 femmes violées. Le Service de santé en Bosnie indique 38 000 femmes violées dont 3 000 à Sarajevo. Le Service de santé a recensé 9 000 femmes enceintes à cause des viols et, à sa connaissance, 387 cas de décès dûs à la bestialité du viol. Le département d'État américain affirme catégoriquement que 30 000 femmes ont été violées. Il nous faut connaître l'ampleur de ces crimes et faire connaître ce que nous savons.

Au début de 1993, le Conseil de sécurité des Nations unies a manifesté la volonté de créer un tribunal international pour juger des crimes de guerre. Une commission a adopté une résolution qui autorise la création de ce tribunal qui devrait juger les crimes contre l'humanité commis sur le territoire de l'ex-Yougoslavie. Des groupes et des personnes, dont Simone Veil, ont demandé que les viols perpétrés durant la guerre soient jugés au même titre que les autre catégories de crimes. Pour la première fois dans l'histoire, le viol serait reconnu comme les autres crimes de guerre. Le tribunal a été institué, les juges ont été choisis et assermentés.

Les femmes comme les hommes, individuellement et collectivement, doivent intervenir pour que ces crimes soient reconnus comme tels dans le droit international.

Même théoriquement, le viol fera-t-il partie des catégories de crimes contre l'humanité ? Il ne le sera pas sans une prise de position des femmes, sans leur volonté. Nos porte-parole seront les journalistes, les politiciennes et les juristes en droit international.

Il faut souligner le peu de poids des résolutions du Conseil de sécurité, qui s'inscrivent rarement dans les faits. Dans l'énoncé des textes, tout est mitigé et relativisé. Lorsque quelques mesures d'action s'y trouvent, elles ne sont pas appliquées. Brièvement et à titre d'exemple, les textes stipulent que les soldats de l'ONU ont le droit de recourir à la force pour acheminer l'aide humanitaire. La force n'a jamais été utilisée, pas même comme moyen de menace. Lorsque bloqués par les milices serbes, les soldats doivent quémander le droit de passage aux agresseurs qui sont les violeurs et les criminels. Lorsque les agresseurs autorisent le passage du convoi après plusieurs tentatives, ils prélèvent, de poste de contrôle en poste de contrôle, une partie de l'aide. Les victimes reçoivent moins de la moitié de l'aide qui leur était destinée, avec parfois des semaines et des mois de retard. Un autre exemple serait celui des zones de sécurité qui ne sont pas respectées.

Le tribunal étant mis sur pied, il est d'ores et déjà connu que son pouvoir est réduit. Ce tribunal qui devra siéger à La Haye pour juger des crimes commis sur le territoire de l'ex-Yougoslavie n'a aucune autorité pour émettre des mandats d'amener, aller chercher les présumés coupables et les traduire en justice. S'ils sont condamnés, le tribunal ne peut ordonner leur incarcération. Les juges ne peuvent prononcer des arrêts de mort, ni juger par contumace, quels que soient la gravité et le nombre des crimes commis.

C'est à l'opinion mondiale et aux groupes de pression de veiller à ce que le tribunal opère. C'est aux mouvements de femmes de s'assurer que le viol relève des crimes abjects commis contre l'humanité, qu'il soit inscrit et reconnu dans le droit international, qu'il figure comme délit dans l'acte d'accusation.

Il nous faut dénoncer les crimes commis sur les femmes musulmanes et les croates catholiques. Jusqu'ici, il y a eu des actions humanitaires pour leur porter secours. Il y a eu beaucoup d'engagements à titre personnel, comme celui de Simone Veil, par exemple, pour dire les faits et les porter à notre connaissance. Mais il n'y a pas eu d'engagement collectif.

On ne peut pas dire qu'on ne savait pas. Nous devons admettre que des dizaines de milliers de femmes violées, ce n'est pas une incidence négligeable dont on peut parler en quelques phrases dans un journal. Le fait est considérable et, de sa vérité, on ne peut parler en termes généraux, de façon idéologique avec des idées abstraites.

La conscience doit être cosmopolite. Il faut dire ce qui se passe. Dans cette guerre d'agression, de massacres et de destruction par la Serbie et les Serbes de Croatie et de Bosnie, désignée faussement comme une guerre civile par les instances politiques, relayées par les médias, il y a de la désinformation et de la propagande.

Rien n'est interchangeable au niveau des faits. On ne peut pas les banaliser ni les relativiser. À propos du viol des femmes, les politiciennes doivent parler, les journalistes doivent écrire. Les décisions qui seront prises au tribunal international ne seront effectives que si hommes et femmes agissent et veillent à ce que les intentions se traduisent dans les faits et que les violeurs soient jugés et condamnés.

Il y a du cynisme en politique, de la désinformation par des inexactitudes et de la déformation dans les médias. Le viol est un crime abject, le refus d'en parler constitue une complicité avec les violeurs et ceux qui veulent ignorer la réalité. Car, s'il y a bien une attitude répandue, c'est de repousser, dénier les faits qui ne font pas l'affaire, pour maintenir une fiction, une indifférence, un confort qui arrange les assassins, quels qu'ils soient.

Je m'étonne que des journalistes, des professeures, des écrivaines n'aient pas écrit sur la tragédie des femmes en Bosnie. Le féminisme qui m'importe ne s'est pas réclamé d'une pensée détachée de la réalité, il n'est pas une théorie spéculative, conceptuelle et formelle, il n'est pas enfermé dans la déconstruction-contestation, le mode de pensée le plus constant en Occident. Il nous faut avoir un regard cosmopolite, non pas dans la fiction et la représentation, mais en tenant compte des faits qui dérangent. La tragédie des femmes bosniaques déplace le centre de nos préoccupations, l'ordre des choses n'est plus le même quand on sait.

Femmes devant la barbarie guerrière

Marie Sterlin
et France Théoret

À l'origine des clans, les femmes appartenaient aux chefs des hordes primitives, à l'instar des troupeaux et des biens. En temps de guerre, l'appropriation, la captation et la subjugation des femmes à l'intérieur des tribus, des nations renforcent un patriarcat qui donne libre cours à ses idées et à ses réalisations meurtrières.

Les femmes ont un rôle quasi exclusif de victimes civiles, analogue à celui des enfants et des vieillards. La barbarie guerrière fait régresser.

Que deviennent les femmes dans la guerre ? Elles ne sont ni au commandement, ni au combat (où elles sont l'exception de l'exception), ni aux négociations. Elles sont une infime minorité dans les représentations politiques : quelques femmes serbes, depuis le début de la guerre, ont un rôle important dans le génocide de la population musulmane[1]. La guerre redistribue les fonctions, les hommes font la guerre, les femmes peuvent soigner, protéger les plus faibles. Je lis dans les journaux : qui défendra la veuve et l'orphelin ? Une distribution de rôles, la répartition des beaux rôles d'anciens schémas.

Lorsque les lois de la guerre prévalent, les institutions civiles sont suspendues, celles qui ne sont pas mobilisées perdent leur statut, sont atomisées et réduites à des fonctions familiales. Je ne lis plus aucun des mots lyriques et

---

MARIE STERLIN est titulaire d'une maîtrise en philosophie et rédactrice.

1. Dernièrement, la télévision suisse-romande a révélé que Ljiljana Karadzic, épouse du chef autoproclamé des Serbes de Bosnie, occupe le poste de présidente locale de la Croix-Rouge internationale, une organisation accusée de cacher des violations des droits de la personne et d'occulter l'existence des camps de concentration.

exaltés sur la vocation virile et le courage de la guerre. Un changement a eu lieu pour les hommes depuis le Viêtnam. Le rôle de l'armée s'est modifié, les politiciens destinent les soldats au rôle humanitaire. Les rôles sont changés, ce sont les bénévoles appartenant à des organismes d'aide et des journalistes qui, risquant leur vie, comptent plus de morts que les militaires. Les victimes bosniaques sont considérées aussi coupables et responsables que les criminels. La vision d'un monde utilitaire l'emporte. Puisqu'il n'y a pas de pétrole en Bosnie, il y a longtemps que les politiciens ont jugé une intervention militaire impossible, tout en invoquant, pour ne rien faire, le manque d'intérêt de l'opinion publique.

L'escalade de la destruction

Dans l'essai *Le Temps de la différence*, le diagnostic posé par la philosophe Luce Irigaray est sans ambiguïté : notre civilisation est malade de l'absence de sexuation. L'irruption de la guerre est rendue possible par l'incapacité de dépasser le rapport antagoniste entre les sexes et par le refoulement dans l'organisation de l'ensemble de la société des valeurs spécifiquement féminines. Un seul ordre prévaut : l'ordre patriarcal. Nous assistons, écrit-elle en 1989, à « une escalade mondiale à l'entropie économique et culturelle »[2], et si nous ne critiquons pas rigoureusement l'ordre patriarcal à l'origine de ce désordre, nous sommes voués à l'autodestruction. Nous n'avons « aucune chance de vivre ». Les femmes sont extérieures à la définition de l'ordre existant, une position privilégiée qui permet de dire non à la logique de la guerre, et possiblement de proposer un autre ordre.

« Le peuple des hommes fait la guerre partout, tout le temps avec une parfaite bonne conscience[3]. » Pour Luce Irigaray, la psychanalyse représente cette prémisse de la conscience de soi contemporaine qui fournit les justifications psychologiques à la société patriarcale. La bonne conscience de l'homme tire sa légitimité de racines psychiques. « Toute cette économie témoigne d'un oubli de la vie, d'une non-reconnaissance de dette vis-à-vis de la mère, de la généalogie maternelle, de celles qui accomplissent le travail de production et d'entretien de la vie[4]. » La prescription de Freud selon laquelle le passage à l'âge adulte exige une rupture avec la mère est aberrante car une telle rupture est à la source de tous les conflits interpersonnels d'abord, mondiaux ensuite.

2. Luce Irigaray, *Le Temps de la différence,* éd. du Livre de poche, p. 52.
3. *Idem*, p. 23.
4. *Idem*, p. 25.

Luce Irigaray assimile la prescription à une négation de la vie. La méconnaissance de notre propre origine ouvre la porte au génocide.

Le partage d'une même humanité entre les sexes exige la reconnaissance des crimes contre les femmes

Les femmes ne veulent plus d'aucun *rôle* de victime. En temps de guerre, les droits sont suspendus, elles redeviennent les figures indistinctes, secondarisées, captées du patriarcat pur et dur. Elles sont mères, grands-mères, veuves, filles de, reliées aux hommes, massifiées, catégorisées. La guerre n'offre qu'une immense régression à la moitié de la population.

1938. Virginia Woolf publie *Trois Guinées*. Hitler et Mussolini, leurs noms, leur politique fanatique, l'exclusion raciste, l'endoctrinement des foules, tout y est. Elle connaissait la situation en Europe, identifiait, dénonçait, proposait des changements fondamentaux étayés par la connaissance de l'histoire, des lois, de la politique contemporaine. Virginia Woolf dénonce le fascisme et le nazisme, aucun accommodement possible avec ces doctrines. Quand nous savons maintenant combien d'intellectuels et d'écrivains européens furent complices, furent aveuglés ou tergiversèrent, il importe de souligner que la lucidité et la clairvoyance étaient possibles même avant le commencement de l'agression et de la guerre.

Dans sa préface éclairante, une synthèse remarquable, Viviane Forrester affirme que *Trois Guinées* a fait scandale en 1938. L'auteure imagine une situation, un homme écrit à une femme, il la questionne : « Comment faire, à votre avis, pour empêcher la guerre[5] ? » L'essai expose ses réflexions fondées sur l'accès à un enseignement universitaire pour les femmes qui doit changer l'orientation des différentes professions en regard du prestige, de la hiérarchisation, de la compétition, lesquelles forment les assises de la société et de la propriété privée. Le fascisme ressemble au patriarcat. « [Vos mères] combattaient le même ennemi que vous combattez. Elles luttaient contre la tyrannie du patriarcat, comme vous luttez contre la tyrannie fasciste[6]. » C'était avant les camps d'extermination.

Il n'y a pas deux humanités, mais une seule. Pour émerger de la victimisation, la reconnaissance des crimes est essentielle. Jusqu'ici, le viol des

---

5. Virginia Woolf, *Trois Guinées,* éd. des Femmes, 1977, p. 33.
6. *Idem,* p. 195.

femmes en temps de guerre ne faisait pas partie de l'énumération des crimes contre l'humanité et des crimes de guerre. Si le tribunal international exclut le viol de la liste des crimes de guerre, malgré de nombreuses représentations pour qu'il y soit inclus, il y aura une aggravation de l'inhumain et une propension à victimiser les femmes. Si le viol est jugé par ce tribunal au même titre que les autres crimes, le seul fait de juger aura un effet dissuasif sur les agresseurs.

L'ennemi intérieur et l'idéologie de la purification ethnique

La psychanalyste Margarete Mitscherlich écrit que « le Juif se prête apparemment particulièrement bien au rôle d'ennemi intérieur, d'un pays ou d'une société, parce qu'il fait partie de la "famille" tout en n'en faisant pas partie. Il semble donc relativement facile de déplacer sur lui tous les problèmes familiaux et conflits entre hommes et femmes. On peut même dire que — dans l'état actuel des relations entre les sexes — là où le Juif n'existe pas, on est obligé de l'inventer[7]. »

Le nettoyage ethnique, euphémisme pour le génocide qui a cours en Bosnie, préparé, organisé aux plans politique et idéologique, témoigne de l'identification de l'ennemi à l'intérieur de la société. Le Juif est remplacé par le Musulman, un groupe ethnique est visé globalement dans les discours idéologiques de psychiatres repris par des politiciens, dans la mythologie serbe, dans les chansons populaires et dans les chants épiques aux descriptions guerrières, sanglantes, prescriptives des sévices perpétrés sur la population bosniaque. Dans son texte intitulé *L'Antisémitisme : une maladie d'hommes ?*[8], Margarete Mitscherlich montre que ce type d'agressivité sociale, la culture de la haine de l'autre, résultat d'un dressage, aboutit à une perpétuelle dénégation de la réalité, à savoir la mythomanie serbe qui prête aux Musulmans son propre projet, ses propres crimes, sa propre volonté de conquête et de destruction. Selon les Serbes, ce sont les Musulmans bosniaques qui sont les fanatiques, les sanguinaires qui cherchent à les anéantir. Se disant existentiellement menacés, ils passent à l'action, à l'agression pour faire disparaître, éradiquer les Musulmans bosniaques, abolissant toute trace de leur présence et de leur culture : signifier qu'ils n'ont jamais existé.

---

7. Margarete Mitscherlich, *La Femme pacifique,* éd. des Femmes, 1988, p. 238.
8. *Idem,* p. 221.

Le refus méthodique de la passivité

Les analogies entre *Trois Guinées* et *La Femme pacifique* sont fortes à propos d'une plus grande participation, appels pressants aux interventions des femmes dans la société, même si le premier essai fonde son propos sur les lois et les faits de l'histoire et le second sur la psyché en regard des rapports familiaux et sociaux. Mitscherlich éclaire l'agressivité des femmes livrées à la culpabilité, d'où un rapport très difficile au pouvoir. Le sentiment de culpabilité empêche les femmes d'avoir un meilleur rapport au pouvoir, à son accès comme à son exercice. Il est faux de dire que, par nature, les femmes sont pacifiques. Des Bosniaques, journalistes et intellectuelles, affirment leur volonté d'une société pluraliste, témoignent à la télévision sur le génocide, les massacres et la terreur, excédées qu'on leur demande une description de l'état de dénuement de la vie quotidienne. « Parlez-moi d'autre chose », disait une professeure de littérature dans une émission en direct de Sarajevo. Sa colère de femme captive à Sarajevo, prisonnière d'une guerre contre la population civile, réclamait son individualité, s'adressait à notre faculté de jugement. Sa parole crée de l'altérité à part entière. En Bosnie, les enfants et les autres sont tués, mais peu importe la faculté de penser le conflit, si les femmes sont réduites à être des spectatrices, elles sont doublement victimisées par un retrait dans la passivité. Il n'y a rien de pathétique dans l'appel de la professeure de littérature ; au contraire, elle en appelle à notre faculté de penser et d'agir, non pas exclusivement en termes de survie, de faim et de froid, mais en regard de la vie en société.

L'oubli des valeurs subjectives mène à la guerre

Une femme s'interroge forcément sur son origine. À cause de sa relation irréductible à la vie, elle est à la fois produit d'une généalogie maternelle, et potentiellement source de vie. Cela s'entend dans le langage féminin où coexistent les valeurs subjectives et objectives. Luce Irigaray constate que « outre les normes de la société et de la langue, leurs propos [à elles] témoignent d'un attrait pour les relations à l'autre sexe qui semble lié à une culture de vie »[9]. La langue n'est jamais neutre. Ainsi peut-on constater que

---

9. Luce Irigaray, *op. cit.*, p. 64.

le discours masculin, dont le discours politique est l'expression achevée, est non seulement rarement subjectif mais qu'en plus, il substitue la part oubliée de subjectivité à des notions inanimées. « Cela donne à ce langage une économie magique. En effet, le progrès, la justice sociale, la paix, les conflits, les armements, etc. ne sont pas des personnes activement responsables du devenir de la société ni de l'Histoire mais des concepts ou des notions, soi-disant neutres, sur lesquels les hommes (parfois les femmes, par mimétisme) se déchargent de leur subjectivité, du rapport à leurs interlocuteurs, de leur responsabilité vis-à-vis du monde[10]. »

L'Occident bafoue la démocratie

À propos de la guerre, la romancière, la psychanalyste et la philosophe questionnent l'un et l'autre sexe. La première pour refuser les contributions et les soutiens traditionnels des femmes. La seconde pour analyser le clivage des sexes qui reconduit l'aliénation et la subordination, particulièrement lorsqu'il s'agit d'un conflit fasciste ou raciste. La troisième pour réclamer un devenir de femmes dans la cité, lesquelles seraient dotées d'une identité appropriée afin de pouvoir entrer dans l'ordre symbolique.

La version originale de *La Femme pacifique*, publiée en 1985, ouvre sur l'affirmation suivante : « Les guerres comme les êtres humains deviennent de plus en plus barbares et impitoyables[11]. » Qui veut le croire ? La guerre en Bosnie en est une preuve accablante. Il n'y a qu'à lire les descriptions des atrocités. La communauté internationale et l'Union européenne ont démissionné devant la défense des valeurs démocratiques. Ici, lorsque se forment quelques îlots de vigilance, nos politiciens désinforment et déforment la nature de la tragédie afin de prouver qu'il n'y a pas lieu de réagir et d'intervenir. L'indifférence croît et la fiction l'emporte sur le réel.

Fascisme sans opposition et révisionnisme au temps présent

Dans *Le Système totalitaire*, Hannah Arendt démontre les ressemblances entre les régimes hitlérien et stalinien dont les camps d'extermination et de

---

10. Luce Irigaray, *op. cit.,* p. 46.
11. Margarete Mitscherlich, *op. cit.,* p. 7.

concentration sont le noyau dur, la conséquence logique, le « laboratoire » de la volonté de « transformer la nature humaine elle-même »[12].

Hannah Arendt, qu'on ne citait guère dans les décennies précédentes, refait surface dans les références politiques alors que le changement majeur depuis son analyse semble être le révisionnisme au temps présent, une aggravation du rapport à la réalité et aux faits.

En 1951, elle écrivait : « Le danger des fabriques de cadavres et des oubliettes consiste en ceci : aujourd'hui, avec l'accroissement démographique généralisé, avec le nombre toujours plus élevé d'hommes sans feu ni lieu, des masses de gens en sont réduites à devenir superflues, si nous nous obstinons à concevoir notre monde en termes utilitaires[13]. »

Masses de réfugiés errants en quête d'une terre d'accueil... Notre époque est témoin des effets du système totalitaire, parmi lesquels deux millions de Bosniaques chassés de leur lieu d'origine, forcés à l'exil par une guerre de conquête.

L'idéologie et l'actualité du nettoyage ethnique en Bosnie sont une résurgence du fascisme hitlérien que nous croyions disparu et du communisme stalinien envers lequel il y eut complaisance et accointance. Les camps de concentration sont réapparus, ce qui semblait impossible est de nouveau possible. Toute la représentation de l'humanité s'effondre à nouveau. Il suffit d'une imagination un peu vive et de la lecture des récits de survivants des camps de la mort pour saisir que nous sommes confrontés à repenser nos modes de représentation, nos sociétés fondées sur la production et la consommation, notre monde utilitaire. La guerre fasciste et totalitaire est une abstraction pour ceux qui n'ont connu ni la guerre ni les dictatures. Lire, voir des documents, privilégier les faits authentifiés, choisir ses fréquentations en matière politique : la nécessité de comprendre le drame bosniaque pour rendre à la réalité sa dimension actuelle.

En ce moment même où nous souhaitons entendre les voix d'une opposition serbe, le totalitarisme paraît achever son œuvre de terreur idéologique. « Le but d'un système arbitraire est de détruire les droits civils de la population tout entière, de sorte qu'elle finisse par être mise hors-la-loi dans son propre pays, au même titre que les apatrides et les sans-logis[14]. » L'opposition en Serbie n'est pas forte et n'a pas l'appui de la population. Tout en lui accordant des appuis, il faut lui signifier qu'il ne s'agit pas d'une dissidence au régime de Milosevic. Dans la guerre de conquête que les Serbes mènent en

---

12. Hannah Arendt, *Le Système totalitaire*, éd. du Seuil (coll. « Points »), p. 200.
13. *Idem*, p. 201.
14. *Idem*, p. 190.

Croatie et en Bosnie-Herzégovine, leur dissidence conteste uniquement les méthodes utilisées et non pas la création de la grande Serbie.

La récupération des actes de barbarie à des fins de propagande

Véronique Nahoum-Grappe décrit des atrocités commises en Bosnie par les Serbes, et à bien moindre échelle — faut-il ajouter une fois de plus — par les Croates et les Musulmans. Elle exclut l'idée de s'engager dans le récit des cruautés, mais refuse « d'en cacher la réalité politique et humaine »[15].

Chercheure en sciences sociales, elle écrit que « le récit des cruautés n'est pas anodin, il est au contraire un puissant levier d'émotion sociale, préfabriquable et utilisable tactiquement dans le cadre d'une propagande sans scrupules »[16]. Le révisionnisme au temps présent confond l'idéologie avec la réalité. Il faut savoir que des actes barbares et des rituels sadiques sont fréquents dans cette guerre.

Le scandale d'une guerre contre les civils

L'épuration ethnique vise les populations des villes, des villages, des bourgs, des hameaux. « Ici, l'énorme scandale qui définit cette agression est le suivant : une armée attaque des populations civiles prises comme ennemies *en tant que telles*, avec des moyens militaires qui seraient adéquats contre une autre armée[17] ! » Il s'agit de la guerre d'une armée surpuissante contre des civils, une guerre conçue contre les civils non-Serbes et si, au moment des combats, des Serbes se trouvent à Sarajevo ou ailleurs, ils subissent le même sort que le reste de la population. Voici le scénario habituel : on encercle le village et on demande à une population qui n'a pas d'armes de rendre les armes. Les milices entrent dans la ville sous la protection de l'armée yougoslave. Les milices, quand l'armée ne s'en charge pas elle-même, font sortir les gens dans la rue où sont triés hommes, femmes, enfants, vieillards, puis

---

15. Véronique Nahoum-Grappe, « L'Épuration ethnique : désastre et stupeur », dans *Vukovar, Sarajevo...*, collectif sous la direction de Véronique Nahoum-Grappe, éd. Esprit, 1993, p. 48.

16. *Idem*, p. 46.

17. *Idem*, p. 64.

ils tuent sur place, devant les maisons. Ensuite, publiquement, ils violent devant les parents et les voisins.

L'utilisation de cette quatrième puissance militaire d'Europe contre les populations civiles, mise au service d'un projet fasciste ou raciste avec ses moyens exorbitants, n'aurait de justification militaire que face à une autre armée ennemie, de même envergure. Nous savons que, face à son rouleau compresseur, il n'y a que des îlots de résistance dotés de moyens artisanaux. Les résistants n'ont qu'un fusil pour quatre volontaires. Quand on s'en prend aux civils, les victimes toutes désignées sont les femmes, les enfants, les vieillards.

Des femmes bosniaques, des résistantes, nous aurons sûrement la version des faits. Pourrons-nous écouter leur témoignage et leur différence ? Leur rendre une autre représentation d'elles-mêmes que celle de victimes de la barbarie ?

II

TÉMOIGNAGES, ÉCRITS

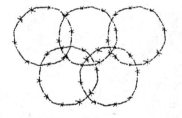

BIENVENUE AUX JEUX OLYMPIQUES

SARAJEVO
1984-1994

Design Trio Sarajevo

Les bibliothèques de Sarajevo et le livre qui a sauvé nos vies

Kemal Bakarsic

Novembre 1991. Mon épouse Marina et moi regardons les reportages sur la destruction brutale de Dubrovnik, sur la côte de Croatie, déclenchée par l'armée nationale de la Yougoslavie (JNA). Nous en pleurons. Nous pleurons jusqu'au lever du jour. Nous n'en croyons pas nos yeux. Nous ne pouvons admettre que ce soit aussi grave. Mais la vieille ville est bel et bien en flammes, cette ville que nous aimions tant. Nous sommes allés plusieurs fois à Dubrovnik en vacances, nous y avons passé des dizaines de fins de semaine et même notre lune de miel.

Nous voyons ça à la télé. Est-ce que le poing de l'agresseur va aussi frapper un jour à notre porte ? C'est plus qu'une simple question pour nous ce soir-là. Une fois au lit, nous finissons par nous endormir dans les bras l'un de l'autre. Nous nous sommes promis de tenir le coup ensemble quoi qu'il arrive, de nous épauler, de veiller sur nos parents, nos amis, nos livres, nos souvenirs et de garder entièrement conscience de ce que nous sommes en tant qu'êtres humains.

Le 21 avril 1992. Les bombardements viennent brusquement interrompre ce qui s'annonçait comme un bel après-midi de printemps à Sarajevo. Tôt dans la soirée les attaquants bombardent et brûlent le Musée des 14e Jeux olympiques d'hiver. Les Olympiques, ça a été extraordinaire ici. À présent rien ne reste de ce bel édifice de l'époque autrichienne et toute la documentation sur les Jeux est à jamais perdue.

KEMAL BAKARSIC est sous-ministre de l'Éducation en Bosnie. Ce texte, paru à l'été 1994 dans The New Combat, a été traduit par Paul Chamberland et André McLaughlin.

Le 22 avril 1992. Les bombardements quotidiens reprennent un peu partout à travers la ville. Vers 21 h 30, un obus de 82 mm éclate dans notre jardin, faisant voler en éclats les fenêtres du salon où nous sommes assis. L'air est rempli de poussière de vitre. Nous accusons le coup de l'explosion ; une intense odeur d'explosifs et de verre fondu se répand. Sommes-nous encore en vie ? Pour un instant, qui semble durer une heure, nous en doutons.

Mais, oui, nous sommes toujours en vie.

Le lendemain matin, nous nous apercevons que l'explosion a fait tomber de l'étagère un livre, pas n'importe lequel : celui des lettres échangées entre Boris Pasternak, Marina Tsétaïeva et Rainer Maria Rilke, lettres datées de 1926. C'est le premier livre que j'ai offert à ma Marina. En le ramassant nous sommes horrifiés à la vue de l'éclat de schrapnel fiché dans la couverture. Et pourtant nous nous sentons réconfortés parce que ce qui vient de se produire est un vrai miracle. Depuis ce matin-là, nous appelons ce recueil de lettres le livre-qui-nous-a-sauvé-la-vie.

Le 17 mai 1992. Les assaillants ont délibérément détruit l'Institut oriental de Sarajevo. C'est une perte incalculable, irréparable. En moins de deux heures 5 000 manuscrits uniques, turcs, perses et arabes, au-delà de 100 cartes remontant à l'époque ottomane (avec la disparition de ces ouvrages nous n'avons plus aucun document témoignant du fait que des Slaves convertis à l'Islam ont vécu pendant des siècles en Bosnie), des registres du règne ottoman (quelque 200 000 pages), 300 fiches sur microfilms de manuscrits bosniens conservés dans d'autres bibliothèques et 300 périodiques... engloutis dans les flammes.

Ça me répugne d'avoir à faire le récit bibliométrique de la destruction entraînée par deux ans de terrorisme dans le ghetto qu'est devenu Sarajevo. Je m'en veux et déplore profondément que ces chiffres ne soient pas pris en compte dans le programme de reconstruction. Tout ça, c'est de l'histoire, purement et simplement.

Le 27 août 1992, tôt le matin, la Bibliothèque nationale a été attaquée et incendiée, délibérément. Vingt-cinq obus sont tombés sur l'édifice, depuis quatre points situés dans les collines toutes proches. Pour soutenir l'attaque, on a lancé quarante obus dans les rues avoisinantes de manière à empêcher les pompiers d'intervenir. Une mesure inutile puisque les assaillants avaient déjà coupé l'eau dans le secteur. Ça ne servait à rien de bomber la brigade des pompiers mais ils l'ont fait quand même.

L'assaut a duré moins d'une demi-heure. L'incendie a fait rage jusqu'au lendemain. Le ciel était tout obscurci par la fumée dégagée par les livres en flamme ; des pages calcinées flottaient et retombaient comme de la neige noire par toute la ville. Si on attrappait une page, on pouvait en sentir la chaleur et pendant un instant lire un bout de texte présentant l'étrange aspect d'un négatif en noir et gris. Puis, la chaleur dissipée, la page tombait en poussière entre nos doigts.

Environ 1 200 000 livres et 600 collections de périodiques ont péri. Détruits les documents administratifs, le fichier, l'équipement informatique, les laboratoires de micro-fiches et de photographie, les livres rares ou les collections spécialisées ; la bibliothèque universitaire était logée dans l'édifice.

On a dit que les nazis ont brûlé quelque vingt millions de livres. Mais ils ne l'ont pas fait en un seul mais en 45 endroits différents. Le 27 août, à Sarajevo, eut probablement lieu la plus grande destruction de livres de toute l'histoire de la civilisation : en un jour et une nuit, un million et quart de livres.

Avec cet assaut dirigé contre les musées, les bibliothèques, on a voulu effacer la mémoire même de notre existence collective.

Pourrait-on trouver un certain réconfort dans ces vers de Hölderlin ?

> *Mais aux lieux du péril croît*
> *Aussi ce qui sauve.*

Oui, mais seulement si l'on croit, avec Boulgakov, que « les manuscrits ne brûlent pas ».

Avant cette *guerre*, j'étais le bibliothécaire en chef du Musée national de la Bosnie-Herzégovine. Le musée fut fondé en 1888 : le Landesmuseum de Bosnie-Herzégovine faisait partie des institutions de l'empire autrichien. On en célébrait récemment le centenaire.

La bibliothèque est la plus ancienne bibliothèque scientifique de type occidental en Bosnie. En tant que conservateur (*kustos*), je traitais avec le plus grand soin environ 250 000 livres. Parmi ceux-ci, l'ouvrage le plus célèbre de la tradition sépharade de Bosnie, le *Haggada de Sarajevo*. On appelle *haggada* une collection de poèmes et de peintures ayant pour sujet la pâque et la sortie des Juifs hors d'Égypte. Le *Haggada de Sarajevo* a été confectionné entre le 12e et le 14e siècle ; il a été transporté en Bosnie par la famille Cohen au 16e siècle après qu'Isabelle eût chassé les Juifs d'Espagne. C'est peut-être le plus beau et le plus précieux *haggada* qui existe. Des érudits du monde entier viennent le consulter. À présent, c'est une copie que je fais voir aux intéressés. L'original, lui, est sain et sauf.

L'attaque a commencé d'une façon inattendue et avec une brutalité à peine imaginable. Quand les premières barricades serbes furent dressées en mars 1992, dans le quartier de Grbavica, mes collègues et moi avons compris que le musée était menacé. Il avait été construit en 1914 aux limites de la ville, mais aujourd'hui il est situé au centre et, malheureusement, en plein sur la ligne de front qu'est devenu Grbavica.

Il est dangereusement exposé, non seulement aux obus mais aussi aux attaques des tireurs embusqués dans les immeubles avoisinants. Aussi mes collègues et moi avons évacué les collections sur la pointe des pieds, comme des ombres. Pour ce faire, je me suis absenté de chez moi des jours d'affilée, et cela au cours de plusieurs semaines ; chaque fois que je quittais le musée, j'embrassais les murs et les portes en me disant : « Je vous en supplie, mon Dieu, faites que la bibliothèque ne soit pas incendiée, non, pas maintenant ! » De retour à la maison, je disais à Marina quels livres nous avions mis à l'abri ; je faisais état par le détail des titres, des noms d'auteurs, des illustrations, des couvertures comme si je devais être le dernier à les voir.

Des kilomètres de livres évacués. Nous ne disposions pas de beaucoup de cartons. Nous les transportions nous-mêmes dans nos bras. Il a fallu des mois pour tous les mettre à l'abri. Cela fait, je me suis dit : « O.K., maintenant brûlez la bibliothèque si c'est ce que vous voulez ! Elle est à vous. Si vous voulez la détruire, faites-le ! Vous ne pouvez pas me faire mal. Vous ne pourrez jamais plus me faire mal : mes livres sont en lieu sûr. »

C'est horrible ce qu'ils ont fait au musée ; l'édifice est une ruine quasi totale. Malgré tout, mes collègues et moi avons réussi à sauver toutes les collections ; certaines remontaient à 105 ans. Je suis fier de ce que nous avons fait. En tant que *kustos*, c'est mon boulot de garder les choses en état.

Je suis musulman. Je suis athée. Je suis un adepte de l'ordinateur. Je crois être aussi un homme cosmopolite. Le père de Marina est un Croate de Sarajevo. Sa mère est une Serbe de Banja Luka. Nous célébrons toutes les fêtes religieuses, y compris les fêtes juives. Mes deux sœurs ont épousé des Croates. Ça fait beaucoup de mixité. C'est le cas de la plupart des habitants de Sarajevo.

Évidemment, nous sommes désormais confrontés à de sérieux problèmes. Beaucoup de Serbes sont partis. Les Croates jouent un double jeu. Mais il n'est pas question de nous confiner dans un ghetto musulman en Bosnie. Cela ruinerait notre tradition, nos façons de faire, notre style de vie. Personne ne nous force à vivre ensemble, nous *vivons* ensemble.

Il est arrivé souvent à Karadjic de déclarer que Serbes et Musulmans ne peuvent vivre ensemble. C'est ridicule. Et contraire à la vérité. Ou écoutez Tudjman, qui proclame : « Tout Mostar est à moi ! Ou alors partageons-la en secteurs est et ouest, nous pourrons alors vivre côte à côte ! » Comment le pourrais-je, avec ma femme, dans un même lit ? Je veux vivre une vie dynamique et en prise sur l'universel. Je ne peux pas vivre autrement que dans un climat intellectuel. Nos destinées sont entrelacées. Nous devons conserver précieusement cette commune tradition de compréhension mutuelle. Pour nous, c'est la seule façon de garder espoir en l'avenir.

Nous sommes en butte à toutes sortes de vexations. Nous n'avons rien à manger. Manquer de cigarettes, aller chercher de l'eau chaude, être privé d'électricité, cela me met hors de moi. Mais il faut bien s'adapter à tout. Ce qui compte le plus, c'est de pouvoir rester en contact avec le monde, échanger des idées. Discuter, dialoguer, c'est là la meilleure façon d'aller de l'avant. Nous sommes durement éprouvés par la rupture totale des communications : le téléphone, la poste, les convois, le transport en commun, les avions, les trains, l'informatique, les colloques, etc. Nous avons à nous battre pour ça.

Je n'ai pas d'expérience en politique, mais présentement je travaille pour le gouvernement et il en sera ainsi tout le temps que durera l'agression. Après, je retrouverai mon travail de bibliothécaire. La reconstruction de la Bibliothèque nationale fait partie de mon boulot. L'UNESCO nous a fait parvenir, à cette fin, un premier chèque de 40 000 dollars il n'y a pas longtemps. C'est peu mais ça nous permet de nous mettre à l'œuvre. Selon moi, l'opération coûtera quatre millions de dollars. Je dois aussi rebâtir mon musée. Il nous faut trouver des bailleurs de fonds pour remettre les choses en marche.

Ça fait partie aussi de mon boulot d'assurer l'enseignement aux étudiants de maîtrise et de doctorat. Quinze cents personnes en tout, réparties dans 24 facultés. Dans les conditions actuelles, qui ont cours depuis plus de deux ans, il est difficile d'organiser de manière convenable la vie universitaire. Par exemple, Marina, qui est professeur en linguistique et en littérature russe, n'a pour tout salaire mensuel que trois kilos de farine. Il faut remédier à cette situation. Ce ne sont pas les bonnes idées qui nous manquent. Mais la plus importante de toutes est de multiplier les contacts avec le monde.

Pendant l'évacuation de la bibliothèque du musée, il est survenu des choses étranges. Des manuscrits non répertoriés dans le catalogue ont été découverts. Par exemple, une pièce en vers en cinq actes de Moris Hornes, qui a déjà été conservateur du musée et professeur d'archéologie à l'Université de Vienne. J'ai aussi trouvé une pièce en trois actes de Svetozar Corovic, poète et romancier fort connu de Mostar. Au début du siècle, Mostar comptait trois ou quatre poètes importants. Ils ont publié une revue, *The Sunrise Saga,* et ils étaient très connus en Bosnie-Herzégovine et même dans un cercle plus large. Cette pièce inconnue de Svetozar Corovic s'intitule *Dans l'obscurité*. Les nuits où j'étais de garde au musée, je l'ai transcrite à l'ordinateur et j'ai essayé de savoir comment elle avait pu faire partie de la collection.

Sur l'étagère, tout à côté de cette pièce, il y avait un recueil de poèmes d'un écrivain du nom de Avdo Karabegovic, le plus grand poète qu'ait eu la ville de Modrica. Il est mort à 22 ans. J'ai trouvé le manuscrit original comprenant 70 poèmes restés inédits. Mais voici le côté intéressant de l'histoire. Avdo était très malade au cours de l'année 1901. Lui qui était Musulman envoya son manuscrit à Svetozar, qui était Serbe, en y joignant ce mot : « Svetozar, mon frère, je suis très malade. Voici tout ce que j'ai, fais ce que tu peux pour les publier. » Svetozar fit paraître plusieurs de ces poèmes deux ans après la mort d'Avdo. Et maintenant je prépare la cinquième édition des écrits d'Avdo, comprenant les poèmes que Svedozar n'avait pas retenus dans la première.

Voilà la réponse qu'il faut faire à quelqu'un, des États-Unis ou d'ailleurs dans le monde, qui vous demanderait quelle est la différence entre Serbes et Musulmans. Je vous en prie, racontez-lui cette histoire. Nous sommes mélangés d'une manière très particulière. Comme les livres de ma bibliothèque. Ils n'ont d'arrière-plans ni éthnique, ni culturel, ni racial, ni géographique. Ils sont les uns à côté des autres. Par ordre alphabétique, peut-être. S'ils se distinguent, c'est par la taille, la couverture ou le contenu. Et voilà tout.

Même ici il peut se passer des miracles. Des manuscrits précieux ont été découverts, et le premier livre que j'ai donné il y a des années à la femme que j'aime nous a sauvé la vie. Est-ce que Marina et moi avons des raisons de croire que, par un miracle du même genre, nous pourrions revoir les livres brûlés de la Bosnie-Herzégovine ? Oui, s'il est vrai que ce que tu aimes de tout ton cœur est ta véritable demeure et que le partage et la sollicitude marquent les étapes majeures de ta vie. Nous avons toujours cru, comme Gaston Bachelard, que là-haut il doit y avoir un paradis, que ce paradis doit ressembler à une bibliothèque. Un jour, une pluie céleste tombera de nouveau.

De Montréal à Sarajevo

Jean Ménard

Au début de l'été 1994, quatre personnes mandatées par le comité Solidarité Québec-Bosnie partaient pour Sarajevo. Du nombre, Normand Breault et moi-même avions passé auparavant trois semaines en Europe de l'Est.

C'est par train que nous quittons Vienne pour Zagreb, en Croatie. Le paysage est magnifique et la campagne, à la fois douce et abrupte comme les notes de la musique tyrolienne, nous fascine. Nous nous plaisons à penser que, tout près d'ici, Beethoven travailla à sa *Missa solemnis*. Un peu plus loin, Schubert composa *La belle meunière*. Plus à l'est se trouve la ville natale de Joseph Haydn.

Tout à coup, avant d'atteindre la frontière de l'ex-Yougoslavie, une jeune fille d'allure fière et décidée se présente à la porte coulissante de notre compartiment et, à la fois audacieuse et réservée, attend, confiante, qu'on l'invite à s'asseoir.

La conversation s'engage immédiatement dans un anglais calculé, lent et moqueur. Nous nous présentons. Elle a près de vingt ans. Elle est intelligente. Dans quelques mois elle deviendra l'institutrice de son petit village. Nous lui disons que nous allons à Sarajevo. Silence.

— Mademoiselle, vous connaissez Sarajevo ?

— Oui.

— Il y a la guerre à Sarajevo, n'est-ce pas ?

JEAN MÉNARD est coopérant international et animateur social.

— Je ne sais pas.

— Mais comment ça ? Nous venons de l'Amérique, nous, et vous, vous ne savez pas ?

— Je ne veux pas le savoir.

— Mais vous regardez la télé ?

— Je refuse de regarder la télé.

— Pourquoi ?

— On parle toujours de guerre.

Son visage d'adolescente cultivée reflétait non pas l'indifférence, encore moins l'ignorance, mais le refus.

Le refus d'un monde trop brutal ? Qui fait trop mal à voir ? Symptôme d'une jeunesse qui n'en peut plus de regarder le monde actuel ? Ou symptôme de l'Ouest qui refuse de voir ?

De toute façon, pour nous, à l'occasion de cette rencontre, nous avons constaté que Sarajevo était déjà isolée, cachée à la vue, comme une plaie qui fait souffrir et qu'on refuse de voir s'étendre sur son propre corps.

Le train s'arrêta. Elle se leva, nous salua gentiment et descendit rapidement.

Une rivière noire et sournoise traversait son petit village. Nous venions de quitter le monde de la musique, de l'harmonie apparente ou de l'indifférence… Le train, de plus en plus infernal et bruyant puisqu'il descendait des montagnes autrichiennes, fonçait maintenant vers l'ex-Yougoslavie.

C'est dans l'avion militaire des forces armées de la FORPRONU que nous avons fait le trajet de Zagreb à Sarajevo. Oui, finie la musique : casques militaires, vestes anti-balles, quelques centaines de soldats débarquaient dans cette ville cernée par l'ennemi.

L'aéroport, protégé par des milliers de sacs de sable, ressemblait à une baraque de guerre démolie par les mortiers. Au bout de la piste, les montagnes et les Serbes. Il était midi, il faisait très chaud. Sortir de là en jeep pour se diriger vers la ville, ça voulait dire traverser les lignes serbes. On nous avait prévenus, non sans raison, de ce qui risquait de nous arriver : fouilles systématiques, petits vols de chocolat, détention plus ou moins temporaire ou même prise d'otage. Ça ne plaisait guère à nos amis diplomates.

Heureusement pour nous, les travaux de réparation de la route principale nous forcèrent à prendre un petit sentier qui contournait les postes de contrôle. Des petits enfants qui jouaient dans les ruines de leurs maisons écroulées reconnurent les véhicules officiels des forces armées et de l'aide humanitaire. Ils nous envoyèrent la main. Derrière eux, des rangées de maisons complètement détruites, des rues entières dévastées, à la chaussée trouée, encombrées d'autos surprises là par le bombardement et laissées pêle-mêle.

On évalue qu'il y a, sur les murs des maisons, dix-sept impacts par mètre carré en moyenne.

Nous arrivons en plein été dans la ville des Jeux olympiques (1984). Nous voici dans un bassin verdoyant et coloré mais entouré de collines ennemies. C'était une belle ville… 380 000 personnes survivent au milieu des ruines des maisons, des écoles, des églises, des mosquées, des synagogues, de l'université et de la Bibliothèque nationale. Aux fenêtres du Parlement, on a remplacé les vitres, fracassées, par des sacs de plastique. Le tiers du Holiday Inn est en ruine ; les deux-tiers de l'imprimerie du journal indépendant *Oslobodenje* ont été bombardés. On a fait sauter beaucoup de ponts. C'est extraordinaire de voir qu'en pleine guerre on reconstruit les infrastructures du gaz, de l'eau et de l'électricité. Il y a un seul tramway qui circule sur la *Snipers' Alley* ; les tireurs embusqués le mitraillent de temps en temps.

Nous logeons dans un bureau dont la façade est protégée par 250 sacs de sable. Les fenêtres, qui possèdent encore leurs vitres (fait exceptionnel dans ce secteur protégé par la présence des agents du Haut commissariat aux réfugiés des Nations unies) sont toutes striées de bandes de papier transparent adhésif de manière à empêcher, lors d'explosions d'obus, que les éclats de verre ne blessent les occupants. Nous disposons d'eau courante quelques minutes par jour. Il fait 30 degrés de chaleur.

À 22 heures, c'est le couvre-feu, annoncé d'ailleurs dix minutes plus tôt par les tirs de quelques *snipers* ou de mortiers (il faut bien maintenir la pression !). Pendant notre séjour, les *snipers* ne tuaient plus que deux personnes par jour en moyenne et en blessaient une vingtaine. Les gens éprouvent une certaine euphorie à pouvoir, depuis quelque temps, enfin circuler dans ce qu'ils appellent leur « prison dorée ». Prison, en effet, car depuis près de trois ans, personne ne peut ni sortir de la ville ni y entrer sauf, bien entendu, quelques officiels. Le coût de la vie est énorme. Le salaire varie de 0,50 à 5,00 dollars par mois. Il n'y a plus d'économie. La devise du pays n'a plus cours : on utilise le mark allemand. Tout vient de l'extérieur sous forme d'aide humanitaire.

Ce qui nous a le plus impressionnés, ce ne sont pas les ruines mais l'exceptionnelle dignité de toutes les personnes que nous avons rencontrées. Nous étions fascinés par la démarche lente mais ferme des femmes avec qui nous cheminions au milieu des ruines. Des écritaux affichaient, ici et là, « Attention, zone de *snipers* ». Comment oublier le regard triste, calme et lucide des hommes et des femmes de cette ville assiégée au cœur de l'Europe civilisée, indifférente ou complaisante ?

Et les enfants ! Nous reprenions espoir en les regardant jouer. Croates, Serbes ou musulmans, ils vivaient déjà, sans le savoir, dans leurs jeux, la société de la future humanité : pluri-ethnique, multiculturelle, multiconfessionnelle. Et cela malgré les accès de colère, compréhensibles chez ces jeunes traumatisés par deux hivers passés dans les caves de leurs maisons bombardées, privés d'eau, d'éclairage, de chaleur, de nourriture par des froids de moins 30 ou de moins 40. La force de la vie pointait, avec ces enfants, comme nos perce-neige au printemps...

Nous n'oublierons jamais le repas que nous avons pris avec une étudiante universitaire en troisième année de médecine. Elle nous a raconté les deux épouvantables hivers qu'elle a vécus dans la cave de sa maison six mois durant. Elle risquait sa vie chaque fois qu'elle sortait (une fois la semaine) pour aller chercher de l'eau pour sa famille ou des morceaux de bancs de bois du parc voisin pour faire un peu de feu.

En cheminant avec elle vers l'endroit où nous avions rendez-vous avec la communauté juive, nous sommes arrivés aux abords d'un charmant petit pont enjambant une rivière qui serpentait mollement au milieu des ruines de la ville. Notre amie nous a demandé si nous reconnaissions ce pont. Nous lui avons répondu que oui, que nous l'avions vu à la télévision.

— Eh bien, dit-elle, c'est le pont le plus dangereux de la ville.

Nous nous sommes arrêtés d'instinct.

— Est-ce qu'on le traverse ?

— Si vous le voulez.

— Ce n'est pas dangereux ?

— Bien sûr. Les *snipers* nous regardent présentement dans leurs mires télescopiques.

— Écoute, nous ne voulons pas que tu risques ta vie pour nous. On peut laisser tomber l'entrevue, enfin...

— Vivre ici, c'est toujours risquer sa vie. Il faut que le monde le sache.

C'est habité par un lourd silence, sans nos vestes pare-balles, que nous avons traversé le pont... le plus long du monde. Vingt pas dans la bonne direction, face aux fusils, vingt pas de réflexion sur la vie, la guerre, la beauté de cette fille musulmane, la dignité de sa démarche, la tragédie de sa famille, la solidarité internationale, la haine érigée en moteur de l'histoire...

Nous avions conscience de fouler du pied le sang à peine séché de centaines de pauvres gens mitraillés brutalement quand ils allaient chercher un peu d'eau...

Au cours de notre séjour à Sarajevo, nous aurons rencontré un membre de l'entourage du président de la République, le ministre de l'Éducation, son sous-ministre et leur conseiller politique, le sous-ministre des Réfugiés, le pro-maire de la ville, le directeur d'un hôpital, des diplomates bosniaques et étrangers, des religieux, des artistes, des cinéastes, des intellectuels, des étudiants, des universitaires, des réfugiés, des femmes violées. Tous ces gens, par intérêt et par goût, veulent vivre démocratiquement. Ils nous demandent de les aider à briser leur isolement. Ils veulent qu'on lève le siège de Sarajevo de manière à ce qu'ils puissent ou se défendre ou vivre en paix avec leurs voisins.

Bosna, ma douleur

Ghila B. Sroka

Grâce soit rendue à Bernard-Henri Lévy qui a eu le courage de se rendre en ex-Yougoslavie afin de filmer et de montrer au grand jour la — juste — Bosna, dévoilant ainsi la mort et le carnage d'une ville — Sarajevo éventrée — qui n'est pas une autre planète mais le cœur même de l'Europe qui saigne à mort. BHL ne connaît pas les mots du silence ; sa caméra-vérité nous découvre les images de l'horreur. On ne pourra plus dire, après avoir vu ce film-témoignage, « on ne savait pas ». Le silence est brisé pour toujours.

Comment être quand une identité vous est refusée ? C'est ce que ce film à la fois bouleversant et révoltant nous montre à travers interviews, images-chocs, documents inédits, retours en arrière et archives rares qui en constituent le matériau de base essentiel. *Bosna* n'est pas un documentaire à la façon du cinéma du réel. C'est beaucoup plus qu'un film, c'est un appel à la conscience des hommes et des femmes du monde libre.

Peut-on rester insensible et immuable après avoir vu *Bosna* ? Toutes les horreurs montrées par les télévisions du monde ne nous font pas l'effet de *Bosna*. BHL martèle les spectateurs d'arguments et d'images-chocs, faisant des parallèles avec la guerre d'Espagne et autres atrocités du passé. Le but de ce film est de lever tous les tabous du silence. Pas de bruitages, mais des sons directs et des plans-séquences très rapprochés. Le réalisateur ne cache rien, il montre tout, payant ainsi un tribut non seulement aux morts mais aussi, et surtout, aux vivants.

GHILA BENESTY SROKA est journaliste et éditrice de *La Tribune juive* et de *La Parole métèque*.

Tout au long de la projection de ce film, je n'ai pu m'empêcher de me questionner. Et s'il y avait eu une caméra dans les camps de la mort en Pologne, aurions-nous pu éviter la Shoah ? Aurait-on sauvé des vies humaines ?

Bosna existe pour que la Bosnie ne tombe pas dans l'oubli, pour témoigner de la barbarie humaine et empêcher les révisionnistes de service de dire encore une fois : « Dans le ghetto de Varsovie, on a gazé des poux. » Les images sont là, votre regard ne peut échapper à l'horreur. Ce film est un appel au secours pour la Bosnie.

Bosna, c'est l'histoire de la guerre de Bosnie, un documentaire subjectif. BHL a depuis longtemps choisi son camp, il nous fait partager sa douleur et nous invite à la réflexion. Contrairement aux autres films produits sur les guerres, généralement réalisés après que celles-ci aient trouvé une issue, *Bosna* est un film tourné et monté pendant la guerre. Alors même que vous êtes confortablement assis dans une salle de projection, horreurs et massacres se poursuivent là-bas sans relâche.

Bosna, c'est d'abord et avant tout un film de combat et de résistance. Si son but était de témoigner, BHL a gagné son pari ; ce film assume sa dimension militante.

Bosna n'a été vu qu'au 18e Festival des Films du Monde à Montréal en septembre 1994, lors de deux visionnements seulement. Ce film doit immédiatement être acheté par un distributeur québécois afin que soient connues la réalité et la vérité de cette ex-Yougoslavie et qu'hommage soit rendu à la Bosnie-Herzégovine.

À la présentation du film à Montréal, Alain Ferrari, co-réalisateur de *Bosna*, compagnon de route de BHL pour *Les Aventures de la liberté* (1989) et documentariste de renom, a déclaré sans ambages à tous ceux qui, spectateurs ou critiques de cinéma, seraient d'avance tentés de reprocher au film son manque d'objectivité : « *Bosna* n'est pas un film neutre, c'est évident. C'est un film de partisans et je voudrais qu'on redonne à ce mot la noblesse qu'on lui donnait autrefois pour désigner les résistants français pendant la Deuxième Guerre mondiale. »

Doit-on, d'ailleurs, croire au documentaire objectif ? Alain Ferrari répond très clairement. « Je crois au point de vue, à la seule condition qu'il soit documenté. Je crois au film qui dit *je*, au film qui dit *nous,* je crois au cinéma engagé. » Et de citer Jean Vigo, qui définissait le documentaire comme « un point de vue documenté ».

Ferrari a cru bon également de prévenir les spectateurs que plusieurs des images du film sont cruelles, difficiles à digérer, comme celle de ce Serbe qui raconte devant la caméra comment il a violé sept jeunes femmes bosniaques avant de les étrangler. Ces images sont tirées de la télévision. Je les connaissais déjà, mais de les revoir et d'entendre cet homme parler de sa voix monocorde fut insupportable.

La guerre qui tue, la mort ordinaire, la guerre inutile, la mort imprévisible, le crime organisé contre un peuple, le nettoyage ethnique, la volonté d'écraser les musulmans bosniaques et d'en faire des étrangers sur leur terre, c'est tout cela *Bosna*. Un film de combat et de courage réalisé par BHL et Alain Ferrari, basé sur un scénario de Gilles Hertzog. Un film bouleversant qui incite les inconsciences à l'effort de réagir, un film incontournable qui devrait être montré dans toutes les écoles du Québec afin que l'on ne dise plus « on ne comprend pas ».

Les amants de Sarajevo

Guy Marchamps

à Denis Charland

Enlacés sur la pierraille
ils écoutent les artifices
au-dessus d'eux
sur cette terre où l'homme
n'a plus d'écho

Ils comptent les étoiles
à chaque goutte de sang
qui fuit
il lui a dit un mot doux
à l'oreille
elle a peut-être souri

Il a dit : « Écoute
c'est une fête pour nous
nous n'irons pas plus loin
laissons nos vies
sur ces cailloux usés.

GUY MARCHAMPS est écrivain et professeur au collège Laflèche de Trois-Rivières.

Des hommes diront
que notre amour est éternel
mais bien peu oseront
mettre le pied dans notre éternité
ils diront partout : Regardez
ces deux-là
qui croyaient s'enfuir
qui pensaient que l'amour
est un bouclier

Ils diront ce qu'ils voudront
mon amour
nous nous n'irons pas plus loin
nous savons que la mort
est moins cruelle
que les hommes. »

11 juin 1993

Café Sarajevo

Paul Chamberland

à Osman et à ses proches

Ce que nous pouvons et devons faire, c'est résister, de toute
notre force, à l'ensevelissement du vrai, c'est de ne pas laisser cette guerre effacer ses propres traces.

ALAIN FINKIELKRAUT, *La Victoire posthume de Hitler*

I

Ceci n'est pas un poème.
Actuellement je suis dans Sarajevo assiégée.
Actuellement, début janvier mil neuf cent quatre-vingt-quatorze, et je
ne peux pas
ne pas y être quoi que je fasse.
Le sujet de l'énonciation ainsi que Montréal d'où il se produit
ont été d'un coup happés avalés
par ce lieu qui inquiète tout autre lieu au monde.

Actuellement dans Sarajevo une vieille femme
tourne vers nous ses yeux écarquillés de détresse et dit :
« Aidez-nous ! Aidez-nous ! »
Elle s'adresse à nous en français puisqu'elle est, a été professeure de
langue et de littérature françaises à l'université
quand Sarajevo correspondait encore à l'image avantageuse que nous
nous faisons de la culture.
Non, cette femme n'est pas une image télévisuelle,
pas plus que ceci n'est un poème selon l'idée avantageuse et accommodante
que nous pouvons nous faire de la poésie,
mais les bribes d'un discours arraché de justesse

au trou noir Sarajevo ;
le visage de cette femme à tout moment y sombre et avec elle
— sujet des droits de l'homme et du citoyen — la portée de toute culture et de toute poésie.

Je n'aime pas devoir écrire ce que j'écris présentement.
L'acquittement consciencieux des tâches quotidiennes ou professionnelles n'est plus l'acquittement consciencieux des tâches quotidiennes ou professionnelles mais
l'ingénieux entêtement à faire comme si n'avait pas lieu l'avancée du non-humain, du grand dehors.
Volubiles affairés autour de l'îlot-laboratoire d'une cuisine comme si nous filions à bord d'un vaisseau spatial...
Repassez ce plan-séquence du fond d'une cave de Sarajevo avec les yeux de qui a faim, a froid et, surtout, sait inéluctable sa propre déréalisation
à constater l'accord tacite entre les carnassiers grand-serbes et nous, les bouffons de l'humanitaire.

Un vent glacé
un vent brûlant
menace de toutes parts la maison humaine,
en ce moment même.

Ne pas voir, ne pas vouloir comprendre ni supporter est un comportement positivement renforcé.
Le sourire *winner*,
le regard ne-m'achalez-pas-avec-le-malheur (des autres)
et la radieuse allure santé
sont des hormones hallucinogènes administrées à doses massives par la pub
au chien-pavlov occidental
pour le coincer dans l'auge — et qu'il acquiesce :
le mensonge n'est pas le mensonge,
la réalité n'est pas la réalité.

« La réussite mène le monde ! » claironne Chrisler.
Pendant que le joyeux autiste fonce au volant de son bolide masturbatoire en hurlant « J'veux ma liberté ! J'veux ma liberté ! »,
le boucher des Balkans, lui, tire les conclusions qui s'imposent.

II

Bouche en cul-de-poule la Culture se fait péter les bretelles
et pieusement s'allonge l'a de l'Art —
                                        aux créneaux postmodernistes !
Pourquoi les protéger contre eux-mêmes, ce sont des barbares —
huppé Juppé !
Fine-nes nuances et propos posés sont intarissables dans le douillet
démocratique.
Pour combien de temps encore ?

Un vent glacé
un vent brûlant
menace de toutes parts la maison humaine...
        la Bibliothèque du Congrès
        le *British Museum*
        le Louvre et la Nationale
        l'université de Tübingen
        _____ sont des abris,
depuis que les Serbes de Karadzic ont réduit en cendres la bibliothèque de Sarajevo.

Ceci n'est pas un poème.
Qu'attendons-nous au juste de la poésie ?
Depuis l'*À quoi bon des poètes en ces temps de...*
        __ l'*après Auschwitz ?*
Qui croirait chanter juste en méconnaissant cela qui décourage tout
langage d'homme ?
C'est de chaque corps tombé sous la balle d'un *sniper* que se relève la
poésie,
        comme elle peut,
        titubant dans ses mots déchiquetés et sa scansion hoquetante, défi-
gurée, nue, et... fiable.

Dans les camps de réfugiés bosniaques des enfants ont perdu l'usage
de la parole, d'autres bégayent.
« Tübingen, Janvier » est un poème de Paul Celan : il pourrait con-
venir de le détacher de sa circonstance

pour en faire entendre, en cette fin de janvier mil neuf cent quatre-vingt-quatorze, la dernière strophe :

« S'il venait,
venait un homme,
homme venait au monde, aujourd'hui, avec
clarté et barbe des
Patriarches : il lui faudrait,
dût-il parler de telle
époque, il lui faudrait
bégayer uniquement, bégayer
toujours et toujours bé-
gayer ayer. »

De la neige nouvelle avait rendu son éclat aux pentes du mont Royal, des enfants y étaient venus nombreux faire de la luge.

Le rassurant bouquet de couleurs vives — comme les compose si bien la pub de Benetton !

Des obus de mortier en ont tué six et blessé quatre autres.

Au téléjournal on a pu voir « trois corps décapités étalés dans la neige.

Une quatrième victime était totalement défigurée. »

Le vent de Sarajevo souffle jusqu'ici.

En ce moment même.

III

Le bégaiement de Celan…

L'ensevelissement du vrai…

La victoire posthume de Hitler, variante éducative : on a mis le führer en fiches pour divertir les téléspectateurs.

J'écris dans l'absence de recours.

Le trop ronge les lèvres, ravage la langue.

Les lèvres de Mandelstam remuaient quand il écrivait un poème.

Car le poème est irrépressible,

ce qui a toujours inquiété les mangeurs d'hommes.

124

En janvier mil neuf cent trente-sept à Voronèje Mandelstam,
　　privé de tout chez-soi pour avoir défié Staline d'un insolent distique,
　　pouvait encore interposer contre la « courbe du ciel » vide la luge
d'un « gamin aux pommettes rouges ».

« Lâches, mais vivants » ? Bourgault.
Deux février mil neuf cent quatre-vingt-quatorze, cette photo
d'*Associated Press* dans le journal,
　　un titre, « Le dernier cercle », et ces lignes : « Voilà ce qu'il reste des
installations olympiques de Sarajevo.
　　Le site du stade Zetra où s'étaient tenues il y a dix ans les compéti-
tions de patinage artistique
　　sert maintenant de cimetière. »
Tout vrai poème est irrépressible,
　　dût-il, pour ne pas tricher, se rabattre sur l'énoncé le plus pauvre.

Un fémur humain à quoi tient encore un lambeau de chair san-
guignolente,
　　lancé dans la poudrerie et qu'engloutissent les ténèbres,
telle est, en ce moment, la seule image
d'un quelconque avenir de l'humanité.
Simpliste, mélo, oui, et — pourquoi lésiner ? — outrancière.
Je tends autant que je peux le ressort de mon intelligence exercée,
je m'acharne jour après jour à l'écarter, la démolir,

　　jusqu'à cette soirée du cinq février où, ignorant que vient tout juste
d'avoir lieu le massacre du marché là-bas,
　　j'ouvre pour la première fois la porte du café Sarajevo rue Clark « en
bas de » de la rue Sherbrooke.
　　Osman, qui en est l'hôte, m'accueille à bras ouverts.
　　On fête son anniversaire de naissance et des musiciens tsiganes vont
plus tard…
　　S'il n'en tenait qu'à toi, Osman, l'humanité entière pourrait bien venir
trinquer à sa propre réconciliation,
　　ici, chez toi — Sarajevo dans Montréal — dont tu as fait, ce sont tes
mots, un « centre de conscience universelle ».

Un vent glacé un vent brûlant
　　menace de toutes parts la maison humaine.

Maintenant je sais que ce qui parle dans le poème,
irrépressiblement fatal comme le juste retour des choses,
que ce qui s'avance masqué, enseveli sous le glacis racoleur des maga-
zines, des écrans, des panneaux-réclame,
que ce qui s'ouvre, béant et toujours plus vorace, au fond de la nuit
d'hiver,
là, dehors,
c'est une gueule hérissée de crocs.

5 janvier — 1er mars 1994

126

Aux Bosniaques maintenant

France Théoret

Je vous parle d'une guerre
en des mots simples et directs
de ceux-là
étrangers abandonnés
au cœur de l'Europe
avec mes mots qui disent :
Halte à la barbarie !

Je lis dans le journal sous la photo :
les Serbes lèvent le V de la Victoire
je vois trois doigts levés
les orthodoxes se signent avec trois doigts,
le pouce l'index le majeur
les tchetniks après avoir violé, assassiné,
chassé de leurs villes et villages
femmes, enfants, hommes,
lèvent le bras et la main avec les doigts écartés,
le pouce l'index le majeur
la victoire proclamée par le signe de croix
coalition de l'église et de l'armée
fusion unique
des croyants et des guerriers

Télé, radio,
la nouvelle commence
la guerre civile en ex-Yougoslavie
le professeur de stratégie militaire explique
la guerre interethnique et nationaliste
des spécialistes en études diplomatiques raffinent
la guerre tribale, les haines séculaires,
la revanche contre les Croates fascistes
de la Seconde Guerre mondiale, ils poursuivent
avec les bélligérants, les factions, les parties au conflit
Serbes, Croates, Musulmans.
Où sont les Bosniaques ?

L'information généralise
à coup d'images sanglantes
la nouvelle : soixante-huit morts au marché
de Sarajevo en février dernier
scoop du lendemain
les soldats bosniaques ont tiré et tué
leurs concitoyens
une chaîne française
colporte une interprétation des Serbes
la SRC répète
notre général MacKenzie l'avait dit
les Bosniaques tuent leur propre population
il avait dit tant de choses le général
pour convaincre les nations de ne pas intervenir
de ne pas lever l'embargo sur les armes
et permettre aux Bosniaques de se défendre
l'ex-général se promène maintenant
à travers les États
sous l'égide de SerbNet inc.

On ne comprend pas
trop compliqué
des mots entendus maintes fois
d'autres mots, ils sont tous coupables tous responsables
ils ont tous commis des crimes
ils s'entretuent
personne n'est blanc ou noir

128

tout est dans tout
rien n'est dans rien
la guerre civile est une lutte fratricide
ils s'entredéchirent
on croirait un divorce

Ou encore, des guerres dans le monde
il y en a plusieurs.
Pourquoi la Bosnie
dénoncée par le Pharaon crypte
comme une guerre de riches ?
Et le Rwanda ?
L'inaction des puissances
devant le massacre rwandais
résultat de la non-intervention en Bosnie

Cynisme et lâcheté
on dit qu'il vaut mieux être lâche mais vivant
bruits médiatiques
des chroniqueurs lettrés
ajoutent à la dérision
indifférence cultivée
après la chute du communisme
la fin des idéologies et la fin de l'histoire
a-t-on écrit

Une idéologie fasciste
l'usage de définitions freudiennes
les Croates féminisés souffrent
d'un complexe de castration
les Musulmans de frustration rectale
le psychiatre a bien écrit rectale
les Serbes, peuple œdipien à libérer
de l'autorité du père
des psychiatres, des écrivains, des politiciens
aux déclarations incendiaires
« là où il y a un Serbe, c'est la Serbie »
« là où il y a une tombe serbe, c'est la Serbie »
le projet de la Grande Serbie, plan de conquête
avoué et mis en œuvre

dans le nettoyage ethnique
inversion de la réalité
un autre psychiatre Radovan Karadzic déclare
les Serbes se défendent contre les Musulmans
et les Croates
notifie une guerre d'autodéfense
l'assaillant transformé en victime

Désinformation et révisionnisme, c'est connu
un ajout au vocabulaire
révisionnisme au temps présent
en d'autres mots
révision immédiate des faits en cours
des faits,
les consigner
ils sont fragiles
ils peuvent être effacés
plus encore que les idées
les Juifs et nous avec eux en savons
quelque chose, des négationnistes
dénient que l'Holocauste fut

Des faits
250 000 morts
une centaine de camps de concentration
entre 30 000 et 50 000 femmes violées
2 000 000 de réfugiés sur une population
de quatre millions et demi
l'inégalité de l'armement
la quatrième puissance de l'Europe
contre des volontaires
avec une arme pour quatre résistants
Sarajevo capitale cosmopolite et pluraliste
une prison à ciel ouvert
Vukovar Mostar des villes historiques détruites
des églises, des mosquées, des cimetières rasés
disparition des traces et de la mémoire collective

Une guerre de conquête
menée par les Serbes

pour une Serbie homogène et pure
horreur et brutalité
gorges coupées
crânes fracassés
démembrements
castration
mutilations d'oreilles et de joues
on fait manger au mutilé le morceau de son corps
crucifixions d'adultes et d'enfants
femmes violées dans des prisons-bordels
le sperme comme arme génétique
femmes enceintes détenues
forcées d'accoucher de l'enfant serbe
fin provisoire de l'énumération
suite aux dossiers d'enquêtes internationales

Qu'est-ce que la Bosnie ?
un pays qui a voté son indépendance
par un référendum
le 29 février 1992
début avril tout était en place
autour de Sarajevo dans les collines
les canons pointés
pour que le jour même
les massacres commencent

prendre son destin en main
le droit de chaque peuple
par l'histoire la langue et la citoyenneté
le projet légitime

des chiffres des dates
l'inscription de faits qui n'ont rien de fictifs
le poème est ici l'anti-poème
ces corps tués violés exilés
ils ont un nom et un visage
ils me sont étrangers
j'ai des paroles en partage
contre l'indifférence
le fin mot de l'oubli au temps présent

La mort en Bosnie

Alain Horic

*À la Bosnie, société modèle de convivialité
en voie de disparition, et aux Bosniaques,
espèce humaine en voie d'extinction.*

son sang arrose le pain qu'elle est venue cueillir
le corps rassasié d'éclats a pris son dernier repas
elle désirait tant vivre qu'elle n'a plus faim
du secours qui se borne à nourrir sa mort

les cris, les corps, les pains s'empilent
la terre remuée s'incline vers elle
résonnante du concert des orgues mortifères
étonnée que les tiges se forment depuis la corolle
de fleurs rouges poussant sur la poitrine

●

elle rêvait de vie mammifère, anthropoïde
de forêts, d'eaux profondes, de sanctuaires
sous protection vigilante de sauveteurs
prohibant le tir, la mire, le carnage

plus rares que baleines, gorilles, rhinocéros
ses proches bimanes et bipèdes bosniaques
broutant le vert, le feu, le fer de la survie
gibier rabattu dans l'enclos de la chasse

elle se voit jeune et rieuse, piquée de muguets
gambadant sur le pré de la courtepointe natale
les bonheurs cosmopolites, vitrail des amours
mosaïque de maisons, de temples, de cimetières

●

mourir à Jajce, Gorazde, Bihac, Mostar
sous l'égide onusienne de l'arbre à palabres
ses fusils de bois, ses soldats de plomb

mourir à l'ombre de lilas à Sarajevo
à chaud, sous l'orme à pain, saule à eau
les visites guidées, les observateurs cliniques
tombeau ouvert des vivants et des morts

la mort sans douleur qui fait mouche
celle qui tord, hurle, déchire, hallucine
fait trembler les lèvres, voler les paupières
qui jaillit de source, éclabousse la lentille

celle de l'égorgé en transes qui sort par l'entaille
chasser les corbeaux et les corneilles
picorant à côté son membre circoncis

●

l'enfant soudé par la blessure à son flanc
tenant fermement la miche sous son bras
pour le long voyage vers un monde meilleur

sa narine révulse l'arôme de la mie
sa langue goûte l'amèr de racines
les papillons meurent dans ses yeux

le cœur incendié flambe son réseau du tendre
les jambes soufflées s'envolent dans la rue
la tête éclate sa touffe de pavots

pieds écarlates courent dans tous sens
sur la toile du sol, les panneaux du mur
tableaux aux mains ensanglantées délirent

La Drava n'a pas rencontré la Miljacka

Michel Régnier

« Les corbeaux ne volent jamais plus haut que les nuages. » Amra retient ce dicton de son grand-père paternel, le très sage Nusret Sahic. Mais dans le ciel de Maribor en avril, seuls quelques pigeons gris frôlent les toits rouges. Devant elle, sur la Drava, trois canards glissent lentement, rarement elle les a vus voler, toujours ils descendent vers le grand pont aux arches métalliques, ou plutôt au pied de ses premières arches de pierre, où sous les saules les attendent quelques cygnes blancs. Les cygnes altiers, de grands oiseaux qu'elle n'a jamais vus sur la Miljacka, des personnages de livres d'enfants, des faux princes d'historiettes pour les fillettes de Bosnie. En amont, deux pêcheurs devisent devant leurs gaules. Ils prendront bien quelque brochet, carpe ou chevesne avant qu'elle ne se lasse de ce tableau de la Drava à l'entrée de Maribor.

Mais l'eau encore l'attire, l'eau profonde de la Drava, qui paresse dans la beauté du site. Amra Sahic est fascinée par cette rivière, depuis que ses yeux se sont rouverts sur Maribor qui lui était si étrangère.

***

MICHEL RÉGNIER est cinéaste et écrivain. Il a réalisé *Elles s'appellent toutes Sarajevo* (1994).

À Graz les chirurgiens ont fait miracle.

De longs jours elle avait sombré dans la nuit, âme ténue sous les pansements. Elle avait peur, peur aussi des mots pour le dire. La guerre à vingt ans, pour une fille là-bas en haut de Sirokaca, c'était déjà un peu la folie. Les *snipers* (les tireurs embusqués) prolongeaient durant le jour la terreur des mitrailleuses aux deux bouts de la nuit. Les Serbes avaient supposément retiré leurs canons, mais de cela personne n'était sûr. Il courait dans Sarajevo plus de mensonges que partout ailleurs au monde. La parole des Serbes n'était, depuis longtemps, qu'un traquenard pour les diplomates et les militaires étrangers. Un jeune voisin des Sahic ne disait-il pas que « la parole des tchetniks tourne plus vite que le lait au soleil » ?

Alors oui, les pansements, dans la clinique de Graz où l'avait conduite la tante Zeljka, la tante croate installée à Maribor la slovène, les pansements retirés elle avait crié Zeljka sur les murs blancs de la chambre. Pourquoi n'avait-elle pas plutôt crié Meliha, le prénom de sa mère, ou Adis, celui de son ami, celui du grand Bosniaque qui l'attendrait tout le temps qu'il faudrait, avait-il promis, pour l'aimer, l'épouser, lui donner une raison de vivre.

Ah ! qu'il avait fallu de chance dans le malheur, d'appels téléphoniques, de suppliques dans des bureaux interdits de la ville sinistrée, afin que les autorités locales et étrangères laissent monter Amra Sahic dans l'avion de Zagreb. Amra aux yeux incertains, après une balle ravageuse au flanc de Sirokaca. Des médecins bosniaques et français avaient finalement obtenu cette évacuation des chefs de guerre, des hommes qui tranchaient dans ce que la mitraille avait épargné.

Dans le ventre du monstrueux Hercules américain, Amra avait entrevu la mort. Un gouffre noir et bruyant, presque informe dans la très étroite fenêtre accordée à l'œil gauche par l'épais pansement encerclant son visage. De curieuses tubulures, des fils électriques, des sangles, des silhouettes, des voix étrangères.

A Zagreb, la tante était venue. Elles étaient toutes deux demeurées trois jours à l'Hôtel Panorama, dans l'attente des derniers papiers officiels.

A l'âge de seize ans, Amra avait déjà visité Zagreb avec des amis de lycée, filles et garçons de Sarajevo d'avant la honte. Par la petite fente de son pansement, dans les longues journées de l'Hôtel Panorama, elle avait donc regardé Zagreb comme on détaille de loin un jardin d'enfance dont on a perdu la clé.

C'était à Zagreb, durant ce voyage d'étudiants, qu'elle avait connu le grand Adis. Le dernier jour, ils s'étaient tous deux séparés du groupe, apprentis amoureux, gauches et naïfs dans Zagreb éblouissante. Dans cet hôtel du cauchemar, quatre ans plus tard, les yeux fragiles reprenaient l'itinéraire de leurs dernières heures, dans un printemps d'avant la déchirure fasciste. Avant la barbarie. Elle revoyait les étals du marché Dolac, leurs pyramides d'oranges, de citrons, de pommes, leurs guirlandes de bananes, les kilos de beurre frais, les alignements de fromages, de saucissons, alors que les étals étaient vides à Sarajevo.

Dans la fenêtre, elle avait eu honte d'imaginer Zagreb telle qu'elle l'avait découverte et aimée. Et l'on disait à l'hôtel, au restaurant, dans les couloirs que le marché, que les rues n'avaient pas changé. Alors que Sarajevo criait famine, qu'un kilo de pommes de terre s'y vendait dix-sept deutsche marks au tragique Markalé, un kilo d'oignons vingt-cinq marks, un kilo de viande quatre-vingts. Elle revoyait les sacs ouverts débordants de poudre de paprika, mais aujourd'hui le rouge avait un relent de sang. Elle revoyait, avec Adis qui devait parfois baisser la tête, les tramways et les vitrines d'Ilica, la foule aux flux marins sur la grande place de Jelacica.

Elle avait rêvé d'une jupe et d'un tricot, et lui d'un jean, aux étals populaires d'Opatovina. Puis ils avaient retrouvé leur groupe à l'une des terrasses des cafés de l'ondulante rue Tkalciceva. Un pigeon effronté lui avait volé un morceau de pizza, alors qu'elle admirait quelques fenêtres ouvragées sous les tuiles orangées. Murs blancs, crème, bleus, verts, sous les arbres bourgeonnants elle lui avait dit :

— Prague et Paris, c'est peut-être un peu comme ça, en plus grand...

Adis avait ri. Il ne connaissait ni l'une, ni l'autre, pas même en photos, mais il pensait que Prague ou Paris, ce devait être plus haut, plus grand, tellement plus beau. Il n'avait en mémoire que quelques images de Budapest dans un livre rapporté par ses parents et Budapest, lui avaient-ils dit, était un petit Paris.

Alors elle s'était retenue, n'avait plus rien dit. Mais à ses yeux, si Zagreb était belle, ses habitants étaient peu souriants, graves et gris comme la pierre. Les jeunes femmes n'étaient pas sans élégance, mais à trop s'en approcher, on surprenait plus souvent une moue, une crispation qu'un sourire. Mais lui ne partageait pas cet avis. L'apparente liberté croate le séduisait. Lui le musulman de Bosnie, découvrait qu'une ville héritée de la flamboyance austro-hongroise était plus chatoyante que l'ottomane Sarajevo natale.

Dans le train du retour, elle l'avait écouté, arguant de ses convictions entre ses camarades. Depuis deux jours elle l'aimait, et c'était la première fois qu'un regard fixait le sien. On lui avait répété qu'à seize ans une jeune fille n'est encore qu'une belle étourdie, et qu'il faut apprendre à attendre pour lire au-delà des beaux yeux des garçons. On le lui avait dit avec quelque sévérité, avec l'argument suprême :

— C'est ton premier voyage, essaie d'être grande, d'être une vraie femme.

Et pourtant, sur la cuirette du wagon face au grand Adis disert, charmeur entre ses voisins, elle savait qu'elle n'oublierait pas facilement ce garçon, qui ne lui avait donné qu'un baiser sur le front. Et ils s'étaient revus, s'étaient embrassés moins timidement, loin des deux familles. Cela aussi avait troublé ses études, et durci les nuits de Sirokaca. Adis échafaudait mille futurs, dans un pays plus reclus qu'il ne voulait le reconnaître.

***

Avec la tante Zeljka, Amra est retournée à Zagreb pour quelques jours. Avec ses yeux guéris, ses yeux grand ouverts. Des yeux de vingt ans. À soixante-cinq ans, Zeljka Krajlih est veuve depuis vingt-cinq années. Née à Sarajevo dans une famille croate, elle avait suivi son mari à Zagreb, peu après leur mariage, alors qu'il avait obtenu un bon poste dans les ateliers des chemins de fer. Puis ils avaient encore déménagé à Maribor cette fois, où Anton Krajlih avait été chargé de la modernisation d'installations ferroviaires. Un accident de travail l'avait emporté treize ans plus tard. Mais plutôt que par Ljubljana, la romantique capitale slovène, Zeljka est toujours restée attirée par Zagreb où elle se rend une ou deux fois chaque année.

Cette fois, avant de reprendre le train pour Maribor, elles ont flâné dans le jardin botanique jouxtant la voie ferrée. Fin mars, les magnolias en fleurs tendaient leurs corbeilles blanches et mauves au-dessus des allées de gravier. Une grand-mère poussait un poupon dans une voiturette grinçant sur les bosses du sentier. Digne, droite, cheveux légers d'argent dans le soleil tamisé de mars. Son mollet gauche était enveloppé dans un bandage couleur peau. Des varices probablement, traînant l'hiver et des privations antérieures. Sous les petites fleurs nacrées d'un prunier japonais, des amoureux vêtus de noir s'enlaçaient. D'un côté du parc, au-delà de la haie latérale, les trains manœuvraient pour le plaisir des enfants, de l'autre les tramways bleus filaient sur l'avenue Mihanovica. Ici la guerre n'était pas venue détruire les murs et les hommes. Elle avait seulement durci les visages, car les régions extrêmes du croissant croate avaient été ravagées, Vukovar et Dubrovnik avaient subi la démence serbe. Bien qu'elle aimât Maribor, sa ville d'adoption, Zeljka avait besoin, chaque printemps, de cette lumière frileuse dans les vieilles rues de Gornji Grad, dans les parcs de Donji Grad, dans ces quartiers de Zagreb où elle avait coulé sa lune de miel avec Anton.

La grande sœur de Zeljka, Magda, n'avait jamais quitté Sarajevo, où elle avait épousé le grand-père d'Amra. Un mariage mixte qui s'était fondu dans l'harmonie des deux familles sans qu'elle ne dût se convertir à la religion musulmane. Cela était courant à Sarajevo, où les religions, les langues, les traditions cohabitaient avec tolérance. Déjà la tante Zeljka, lorsqu'elle revenait à Sarajevo, s'attendrissait devant la fraîche vivacité de sa petite nièce Amra, qui à cinq ans dansait en robe sur les pavés de la rue Kundurdziluk à dix pas de ses parents attablés chez Zeljo autour d'un grand plateau de cevadcici. Mais à ces pointes fendues de pain rond, bourrées de petits rouleaux de viande grillés sur la braise, la jeune Amra préférait la *pita burek* ou la *pita sirnica,* boudins de pâte feuilletée farcie de viande ou de fromage. Alors la tante de Zagreb amenait sa nièce un peu plus loin, à une terrasse de Bascarsija, là où l'on servait la meilleure pita du Vieux Bazar.

Amra n'a jamais oublié le jour de son sixième anniversaire. Après avoir sagement dégusté sa pita devant la tante Zeljka vêtue d'un tailleur bleu marine, elle avait elle, troublée par les ébats d'une table voisine, renversé sa glace au chocolat sur la robe blanche à petites fleurs bleues. Et Zeljka ne l'avait pas grondée, alors qu'elle s'était faite plus petite qu'un mis, qu'une souris du Bazar. Zeljka avait promptement demandé l'addition, réglé le garçon, et conduit sa nièce à une boutique des environs, pour lui offrir une nouvelle robe, rose comme les œillets de Bosnie. Dans l'arrière-boutique, elle avait plié la robe tachée, l'avait cachée au fond de son sac à main, après avoir déclaré à sa nièce penaude, et prête à pleurer :

— Allez Amra, lève la tête, sors bien droite comme une dame, à six ans on n'est plus un bébé.

A l'entrée de la maison, la tante avait chuchoté quelque chose à l'oreille de sa mère, et celle-ci ne l'avait pas réprimandée. Bien plus tard, quand elle étrenna son premier costume de lycéenne, sa mère l'embrassa et lui confia un secret :

— Amra, te voilà grande pour de bon. Aujourd'hui, je vais te révéler pourquoi ni ton père ni moi ne t'avons grondée, quand pour tes six ans tu as taché ta robe avec du chocolat.

— Que vous avait donc dit ma tante Zeljka ?

— Eh bien ! oui, ta tante nous avait expliqué, tout naturellement : c'est moi qui ai renversé la glace sur la robe d'Amra, j'étais énervée par un maudit *pas lutalica,* un chien errant et galeux qui tournait autour de la table, et qu'aucun serveur ne chassait. J'ai eu un geste brusque, et la pauvre Amra était plus triste qu'un enfant battu. Alors vois-tu, Amra, quand tu seras savante, et s'il t'arrive, parmi tes camarades, d'être plus fière que de raison, pense à la gentillesse, à la simplicité de ta tante. Elle n'est pas allée à l'Université, et pourtant elle est plus noble, plus intelligente que beaucoup de femmes diplômées de son âge. N'oublie jamais, Amra, la simplicité, la générosité sont les plus belles qualités.

Dans le wagon, elle avait quitté Zagreb avec le pressentiment qu'elle n'y reviendrait pas. Car Zagreb, pour Amra, c'était un peu la porte de Sarajevo, et Sarajevo la brûlait encore sous les tempes.

Oh ! Zeljka prétendait que la guerre était finie, que la Bosnie-Herzégovine peu à peu reprenait vie. Mais quelle vie, dans un pays dépecé, émietté, pillé, détruit. Peut-être un pays dans les serviettes des diplomates, mais dans le cœur des Bosniaques ce n'était plus un pays, pas même un espoir. C'était la honte.

Cette fois donc elle avait remonté vers Maribor, vers la Slovénie d'adoption de la tante Zeljka, qui allait aussi devenir son nouveau pays. Elle ne reniait pas la Bosnie, mais les nouvelles qu'elle en recevait, difficilement, lui interdisaient d'en rêver. Jamais elle ne rouvrirait ses yeux neufs sur les ruines de Sirokaca, sur la douleur, l'agonie de Sarajevo.

Ce matin-là, la tante somnolait sur la banquette, s'éveillant de temps à autre au passage de voyageurs dans le corridor, ou lors d'un arrêt prolongé dans l'une des petites gares qu'elle pouvait toutes nommer au premier coup d'œil. A Krsko la Sava s'était faite montagnarde, et plus encore à Lasko. Partout les arbres verdissaient dans une lumière grise tombant des versants. Des hommes, des femmes ici et là enfouissaient les feuilles hivernales en bêchant leurs jardinets. Après Celje, la métallurgie cassait la douceur laiteuse de la vallée élargie, puis bientôt une grande scierie lâcha au passage cette odeur de sciure fraîche qu'Amra avait aimée durant son enfance, quand Resad son père l'emmenait en forêt, dans la vallée de la Bosna. Il restait du maïs sur les claies verticales des séchoirs, et de temps à autre une église à la flèche haute et fine, un château trapu sur une colline annonçaient un cousinage tyrolien. Quelques croix de chemin, avec leur Christ lourd sous un toit de zinc cintré. De courts tunnels l'avaient glacée : la vie pourrait-elle devenir ce noir absolu, si les chirurgiens de Graz n'avaient pas définitivement repoussé le danger ?

***

Maintenant, elle aimait Maribor, où elle avait obtenu un emploi de vendeuse. Elle logeait encore chez la tante Zeljka, dont le veuvage était alourdi par la disparition d'un fils unique, tombé sous les balles serbes en Krajina. Près de l'appartement, elle traversait souvent le grand parc Mestni, fascinée par la hauteur de ses arbres autant que par leur variété.

Mais le quartier de Maribor qu'elle affectionnait le plus, c'était au-delà de Glavni Krg — la Place Principale, avec son imposant monument à la mémoire de l'épidémie de peste de 1743 —, la rue Koroska qui fuit vers l'ouest, s'effilant, s'étranglant sur la belle façade jaune à la jonction de Strosmayerjeva. Les portails trapus sous les fenêtres aux volets de bois, les toits abrupts aux tuiles ternies, et au fond des portails — véritables tunnels —, des cours antiques où l'on eût sans surprise vu atteler quelque malle-poste en retard de deux siècles. Du linge maintenant pendait aux galeries intérieures, pavoisant ces cours pour des enfants d'une autre Histoire, d'un siècle riche et lâche.

Et à deux pas en contrebas de la rue Koroska, la courbe légère de la Drava nonchalante au pied de l'église Saint-Joseph signait un Maribor bucolique.

Toujours Amra Sahic revenait sur le sentier de la Drava. Pour appeler la Miljacka dans son cœur. Car elle fuyait et appelait sans cesse SaraJevo. Mais les deux rivières coulaient-elles encore sur une même planète ? Entre la paisible Maribor et Sarajevo demi-morte, les hommes n'avaient ils pas creusé la plus longue nuit des temps ?

Adis n'écrivait pas, car là-bas sur le quai de Miljacka, la Grande Poste aussi avait été détruite. Il n'avait, hélas, téléphoné qu'une seule fois en deux ans, car le téléphone aussi était coupé avec l'extérieur. Il n'avait pas dit grand-chose. Peut-être avait-il appelé d'un bureau officiel, d'un bureau militaire ou des Nations unies, entouré de gens qui le pressaient d'écourter sa communication. Sa famille le retenait, il devait remplacer deux frères morts durant le siège de la ville. Voulait-il l'épouser ? Il avait détourné la question.

***

L'eau toujours est claire dans la Drava. Amra y plonge une main. Claire et fraîche, murmure-t-elle. Des canards repassent, aux glissements d'automates, tels ces jouets de plastique actionnés par un remontoir, et qu'elle a vu flotter dans les piscines miniatures et bariolées des enfants riches de Maribor. Là-bas à Sarajevo, sur les pentes de Sirokaca, elle ne connaissait guère que les

141

corbeaux, leurs noires silhouettes que la guerre ne semblait pas déranger, quand des pigeons se terraient comme les gens et que les hirondelles n'avaient plus de printemps.

Deux ans déjà. C'était hier. Ce sera toujours hier, malgré la douceur de Maribor.

***

Elle descendait de Sirokaca tandis que les tirs avaient repris dans les collines juste au-dessus de leur rue. La terreur quotidienne, le mensonge habituel d'une ville à la paix cent fois mitraillée. Elle avait traversé les enfilades traîtresses de Bistrik, obliqué vers Skenderija, soufflé quelques secondes dans le parc Saraducana où la plupart des arbres étaient déjà calcinés par les obus. Où des enfants frondeurs jouaient dans les carcasses d'automobiles, jouaient à la guerre dans la guerre.

Elle avait pris la passerelle de la rue Zrinskog, dont le tablier de bitume éventré avait été remplacé par des plaques d'acier. L'eau de la rivière Miljacka était jaune et brune, depuis longtemps sans poissons, à cause d'une décennie de pollution industrielle, la guerre ne faisait qu'ajouter sa ferraille aux oxydes. Les passants ne s'attardaient pas sur la passerelle Zrinskog, pas plus qu'à côté sur le pont Principov aux arches de pierre et à la chaussée mutilées. Ce devait être le printemps, mais les arbres non calcinés refusaient de bourgeonner comme si l'été ne devait pas revenir à Sarajevo. De l'autre côté de la Miljacka, du côté nord, les façades grises et noires d'Obala étaient criblées d'impacts de balles et d'obus. La plupart des vitres avaient disparu, pour être remplacées par du vieux contreplaqué.

Amra avait couru pour traverser Obala, et s'enfoncer dans la courte fourche de la rue Zrinskog. Pourquoi courait-elle après deux années d'horreur, elle ne savait pas. Sa mère répétait que l'on courait autant après la mort qu'après un abri. Mais les voisins disaient de Meliha Sahic qu'elle était plus fataliste que musulmane, et qu'elle avait la baraka, de la chance plein les mains, qu'elle passerait toujours entre deux obus, quelque fût le chemin qu'elle empruntât.

Ce jour-là, Amra croyait moins que jamais aux paroles de sa mère. Elle pensait que la paix promise, annoncée, déclarée dans tous les médias étrangers qui traversaient le blocus, elle pressentait que cette paix des messieurs de l'ONU, cette paix des diplomates était une autre insulte inutile à son peuple, à sa ville. A l'entrée de Zrinskog s'ouvrait la façade brûlée du magasin Beko — vêtements hommes, femmes et enfants — , avec au-dessus six étages d'appartements incendiés. Une haute muraille noire, odeur de guerre. Mais face au squelette de Beko, au numéro 4 de la rue Zrinskog, Amra Sahic entra sans frapper ni sonner — l'électricité était coupée depuis des mois. Elle grimpa le sombre escalier conduisant à l'appartement d'une cousine, Raza, dont l'époux était tombé au front trois mois plus tôt.

Raza était absente. Amra s'assit sur le palier, et attendit. Les tirs s'espacèrent, s'arrêtèrent. Elle descendit, remonta la rue Zrinksog jusqu'à l'endroit où elle devient la rue Strosmajerova, avec au bout la cathédrale catholique Srca Isusova (Cœur de Jésus). Elle continua, indifférente à la reprise des tirs en haut des collines. Puis la mitraille s'intensifia, suivie par les canons. La guerre ne finirait jamais. Alors, sans réfléchir une seconde, Amra la piètre musulmane courut et pénétra dans la fraîcheur de la cathédrale.

Les artilleurs serbes, qui avaient méthodiquement détruit la Bibliothèque Nationale au million de livres, la Grande Poste, le Musée Olympique et d'autres édifices culturels chers aux Bosniaques, respectaient scrupuleusement les églises chrétiennes. Pas une trace de balle ou d'obus sur les murs extérieurs, blancs et crème, de la cathédrale.

Mais Amra fut figée au milieu de la nef. Seuls quelques vitraux avaient légèrement souffert des déflagrations sur les édifices voisins. Au-dessus du maître-hôtel, le Christ en croix ouvrait son torse sur un carré de lumière blanche aveuglante. Un morceau de vitrail était parti, juste là, sur la poitrine, ôtant le cœur du Christ au regard des Serbes et des Croates. Un signe, un avertissement. Amra n'était pas d'une famille musulmane particulièrement pratiquante. Tolérants par nature, ses parents l'avaient cependant initiée à l'essentiel du catholicisme, afin que l'harmonie continuât de régner dans leur famille élargie où l'on recensait des cousins croates et serbes mêlés à la souche bosniaque de religion musulmane. Jamais chez elle on n'avait porté ni le hidjab ni le foulard, jamais on n'avait ri des communicantes catholiques vêtues comme des petites mariées, ni froncé les sourcils en passant devant le Musée Juif de la rue Marsala Tita. Amra Sahic était chez elle aussi bien à Marindvor qu'à Bascarsija, à Kosevo qu'à Sirokaca. Il faudrait vraiment cette folie serbe attisée par les derniers staliniens de Belgrade et de Pale, pour qu'elle détestât le quartier Grbavica, irréductible noyau dur des destructeurs de Sarajevo. Alors dans la nef froide de la cathédrale Srca Isusova, elle s'était demandée si l'été reviendrait à Sarajevo, si au-dessus du Mont Trebevic, et plus loin à la cime du Mont Bjelasnica (le Mont-Blanc bosniaque), un soleil se lèverait enfin, assez fort pour réchauffer les cœurs durs des assaillants, des tueurs. Elle n'était pas catholique, mais elle pressentait que ce trou blanc à la poitrine du Christ disait que Dieu, que les Dieux ne toléraient plus les massacres.

Convulsée, elle avait quitté la silencieuse cathédrale, redescendu la rue Zrinskog, remonté l'escalier de la cousine Raza, toujours absente. Puis elle avait repris les montées de Bistrik et de Sirokaca, s'était arrêtée au dépôt de pain, pour toucher la ration de la famille.

Et les tirs avaient repris. À cent mètres à peine de chez elle, une balle lui avait raclé le front, juste au-dessus des lobes oculaires. Elle avait crié, était tombée, vite relevée par des passants. Elle ne perdrait pas la vue, si on pouvait l'opérer prochainement, avant les risques d'infection, de complication, tel était l'avis des spécialistes de l'Hôpital Kosevo, et d'un médecin des Casques bleus français. Mais à Kosevo, après avoir subi maints bombardements, les services chirurgicaux criaient la pénurie de tout, sauf du courage. On craignait qu'en l'état une opération ne fût un échec.

A Graz donc, on lui avait refait le bas du front, et cela cicatriserait vite et bien. Et la vue et la vie étaient sauves.

* * *

Mais Adis n'appelle pas. Dernièrement il a écrit, une longue lettre transmise par un médecin suisse de passage à Maribor. Cette lettre a troublé Amra Sahic. Elle l'a relue plusieurs fois avant de la détruire. Avant de brûler une dernière illusion. Des mots étranges, des allusions gauches et lâches, pour tout dire des mots durs qu'elle n'attendait pas d'un homme de la Miljacka, d'un Bosniaque de sa ville natale. Il réinventait le pays, l'Histoire, il entachait la mémoire et l'amitié avec des idées nouvelles, subversives, sales. Finalement il écrivait qu'il n'épouserait pas une Musulmane aussi éloignée de sa religion. Cela maintenant le choquait. Selon lui, on ne s'était pas battus pour que le pays n'en ressorte pas plus résolu à défendre ses valeurs ancestrales, ses racines. Et ces racines, il les voyait dans l'Islam. Quelle dérive, quelle érosion, quelle perversion de l'esprit, aux yeux d'Amra. Comment le brillant étudiant Adis avait-il pu devenir ce sot, l'un de ces fondamentalistes que rejetaient l'immense majorité des Bosniaques. Quelques barbus orientaux ne s'étaient-ils pas fait chasser de plusieurs villes pour avoir voulu inculquer leurs règles rigides d'abstinence, et fermer les derniers cafés où le peuple, où les jeunes

144

chantaient et dansaient pour conjurer le destin, pour ne plus entendre le fracas des obus ? Obéir à quelques zélés prosélytes en armes eût été payer bien cher l'aide chiche qu'avaient apportée à la Bosnie défigurée quelques potentats arabes. Elle imagina un instant le beau Adis devenu barbu, en habit blanc, raide comme un illuminé égyptien ou iranien. Elle trembla à l'idée de le voir ainsi pétrifié dans la haine et les mots serviles.

Elle ne lui répondit pas, malgré l'offre faite par le médecin suisse de rapporter du courrier lors de son retour à Sarajevo dans un mois. Elle n'écrivit qu'à ses parents. Déjà elle n'aimait plus la voix d'Adis, qui ne pouvait que s'être durcie, pour devenir mécanique, opprimante, intolérante. Elle brûla cette lettre, brûla le souvenir aussi d'un voyage à Zagreb qui avait marqué sa jeunesse. Si en Iran, quelques semaines avant qu'elle ne reçoive cette lettre amère, une femme courageuse, Homa Darabi, professeur de psychologie, s'était immolée par le feu, pour protester contre la condition imposée aux femmes par la dictature des ayatollahs, si en Algérie des intellectuels, des artistes, des journalistes mouraient chaque jour en défendant une liberté, une dignité refusées par l'obscurantisme et le fanatisme du FIS, comment Amra Sahic, fille de l'accueillante Meliha, fille de Sarajevo la tolérante et cultivée, pourrait-elle épouser un imbécile ou un peureux, ou les deux à la fois. Jamais la petite-fille du bon, du doux Nusret, ne saurait aimer un lâche ou un fanatique. Comment le *snijeg* légendaire du Mont Trebevic, la neige dentellière qui avait illuminé son enfance, ne deviendrait-il pas le led dur et gris, la glace qui ferme les cœurs. Qui bannit le temps, les printemps où les voix avaient la couleur du *ljiljan,* du lis si pur aux mémoires de Bosnie. Et toi Adis et tes pairs singeurs, plus jamais vous ne nommerez, au détour d'une rue de Bistrik ou de Skenderija, une « Dobra Maca », une Belle Chatte, la femme qui vous éblouira. Sans doute vous contenterez-vous de la formule plus vulgaire « Dobra Koka », une Belle Poule, pour les filles que vous oserez remarquer. Dans vos têtes deux fois matraquées — par la guerre et par le fondamentalisme — , vous ne verrez plus de femmes saines et dignes, mais des muettes que vous engrosserez comme des lapines, des *zecevi*, qui traîneront la honte dans Sarajevo qui fut belle, complexe et fascinante comme une femme libre. Qui fut d'une insolente santé entre ses minarets et ses clochers, ses façades viennoises et ses parcs superbes. Sarajevo douce et fuyante sous les saules de la Miljacka, sous les marronniers, les peupliers, les bouleaux, les tilleuls qui ombrageaient Soukbunar et Marindvor, qui grimpaient à Sirokaca, à Kosevo, à Pofalici, avant qu'on ne les abatte pour se chauffer. Sarajevo ma mère, mon envie de vivre.

***

Ô que Maribor aussi est un nom qu'elle aima, qu'elle aimait. Un mot qui était le début d'une chanson jamais apprise, et chaque soir entendue. Ô qu'Amra Sahic aimait cette ville qui jadis avait trois châteaux, et qui dressait encore assez de tours pour inspirer les poètes. Dans les petites rues qui descendaient à Lent, elle imaginait celles de Kovacici, celles de Bistrik qu'elle ne reverrait plus, mais qui avaient forgé son cœur. La vendeuse de Maribor se ferait Slovène sans renier la Bosniaque qui saignait dans ses rêves.

Un ciel bleu tire quelques petits nuages au-dessus de la Drava. Le matin est calme, et toujours alanguie la ville dominant le talus qui surplombe la berge. Il flotte une faible odeur de pollen, la fragrance d'un été fragile à l'écart de la guerre. Trois hirondelles coupent la rivière, disparaissent dans les hauts arbres de la rive opposée. Sont-elles en retard d'un printemps ? Leur bref passage réveille chez Amra le *Coq gris* d'Ivan Vecenaj, un tableau qui l'avait longuement retenue, à la Galerie d'art primitif de Zagreb. Ce coq dressé sur un tissu rouge posé sur deux rondins, et qui dominait le village, ce coq l'avait hantée durant plusieurs nuits lors de son retour à Maribor. Dans la même petite salle aux murs blancs de la rue Cirilometodska, une autre toile de Vecenaj l'avait impressionnée : *le Repas de noces,* de seize années antérieure au *Coq gris.* Il y avait dans ces deux tableaux tout un monde légendaire et oppressant, tout un pays surgi des racines de la dureté paysanne, qui l'avaient bouleversée bien plus que les œuvres d'Ivan Generalic ou de Mijo Kovacic plus connues. Quittant le petit musée, elle avait été happée par un dernier tableau, *Guerre, faim, brouillard* de Josip Generalic, sur lequel trois personnages faméliques et douloureux se dressaient sur un tank, tandis qu'un général jaune chevauchait une fusée dans un paysage de mort. Ce tableau de l'horreur avait précédé de sept années le martyre de Vukovar. Amra avait dû courir dans l'autre salle, juste avant la fermeture du petit musée, afin de revoir le *Coq gris* et le *Repas de noces,* car elle voulait effacer l'horreur de la guerre, quelques minutes avant de retrouver Zeljka au marché Dolac.

Amra quitte ses souliers, les place à l'écart du sentier, pourquoi, elle ne sait pas. Pas plus qu'elle ne saurait dire pour quelle raison elle retire de son cou la médaille d'or offerte par la tante Zeljka, et la dépose, avec la chaînette, dans un soulier.

Elle s'assied sur le bord de la berge. L'herbe humide rafraîchit ses cuisses, le faible courant glace ses pieds. Résonne une cloche au-delà du talus, s'éloigne un jeune couple en amont, sur le sentier qui remonte vers l'île Maribor.

Alors elle fixe l'onde, claire et lente à ses pieds froids. Les nuages épars s'y reflètent, blancs comme les neiges lointaines du Bjelasnica. Elle cherche les poissons entre les nuages. Ô Nusret ! me dirais-tu que les brochets jamais ne filent plus creux que les cailloux. L'eau de la Drava est transparente et profonde, et les nuages y jouent les poissons-lunes. Mais ce matin, ni brochet ni chevesne ne participent à leur jeu.

Les pieds s'agitent dans la fraîche morsure du courant, un glacial abandon monte entre les cuisses, comprime le ventre, la poitrine dans le coton serré. Un lourd canard s'envole, laborieux, semant des perles sur une rivière bleutée. Dans son bruit d'ailes soudain se mêlent un cri aigu, un mot indiscernable, puis un grand remous.

Revient un silence dominical. L'eau est claire et profonde entre les ponts de Maribor.

III

DOCUMENTS

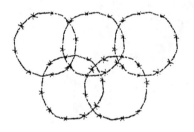

I WANT YOU
TO SAVE SARAJEVO
NEAREST RECRUITING STATION

I WANT YOU - redesigned by Trio - Sarajevo

Halte à la barbarie !

Pour le respect de la souveraineté de la Bosnie-Herzégovine sur son territoire

Le comité Solidarité Québec-Bosnie

Depuis avril 1992, à une heure d'avion de Paris et à sept de Montréal, la barbarie se donne libre cours. Depuis deux ans, la république de Bosnie-Herzégovine est victime d'une guerre d'agression, de conquête et d'annexion. Sa population est soumise à une campagne délibérée de déracinement et d'extermination. Au bilan tragique de cette guerre on dénombre un quart de million de tués, des dizaines de milliers de femmes et d'enfants violés et plus de deux millions de réfugiés. Depuis tout ce temps, la mort en direct a envahi nos salons. Que faisons-nous ? L'horreur en Bosnie-Herzégovine nous interpelle parce qu'elle met en cause les valeurs et les fondements de notre civilisation. Que nous le voulions ou non, nous sommes concernés.

L'armée serbo-fédérale et les milices fascistes serbes de Karadzic, soutenues et armées par le régime *ethnototalitaire* de Milosevic à Belgrade, pratiquent systématiquement la chasse et l'extermination des Bosniaques musulmans. Le tableau des atrocités serbes en Bosnie n'est plus à faire : tortures, mutilations, pillages, viols, exécutions sommaires, assassinats, tueries massives. Les envahisseurs sont résolus à éliminer toute trace visible de présence musulmane en Bosnie en brûlant, dynamitant et nivelant les maisons, les édifices, les monuments, les mosquées et les cimetières. Tout un peuple est voué à un génocide, une culture et un pays à un *mémoricide*.

LE COMITÉ SOLIDARITÉ QUÉBEC-BOSNIE comprend les personnes suivantes : Stephen Albert, Paul Chamberland, Stéphane Gélinas, France Hamel, Alain Horic, Osman Koulenovitch, Guy Laprés, André McLaughlin, Gaston Miron, Richard Parent, André Pesant, Marie Sterlin, France Théoret, Armand Vaillancourt et Pierre Vallières.

Dès le commencement de la guerre, les Nations unies ont pris acte d'une situation aussi intolérable. On a reconnu l'indépendance de la Bosnie-Herzégovine, constitué un tribunal pour juger les criminels de guerre et condamner l'épuration ethnique. Néanmoins, intimidée par l'arrogance serbe, la communauté internationale a écarté toute intervention visant à mettre un terme aux massacres et à l'avancée des envahisseurs. Quand on bombardait Sarajevo, nos soldats comptaient les obus. Quand les milices serbes fermaient l'aéroport de la ville, les Nations unies interrompaient l'envoi de l'aide humanitaire — aide dont elles tirent argument pour justifier leur non-intervention militaire. Par sa politique de temporisation, de négociations *politiques* et d'*apaisement* des agresseurs, la communauté internationale aura laissé aux soudards serbes une entière liberté de manœuvre. Les pourparlers de Genève ont *de facto* légitimé des crimes de guerre en invitant de présumés criminels aux négociations en tant que *partie* au conflit.

La charte de l'ONU, à l'article 51, stipule qu'un pays membre agressé a le droit de se défendre et de faire appel à l'aide des autres pays. La communauté internationale maintient toujours l'embargo sur les armes à destination de la Bosnie-Herzégovine, privant ainsi les Bosniaques de moyens de légitime défense. La malignité ne saurait mieux faire ! On ne compte plus les violations des conventions de Genève commises au vu et au su des troupes de la FORPRONU. Les institutions internationales ont perdu toute crédibilité. Comment ne pas conclure que le droit international est tourné en dérision quand la *communauté* chargée de le faire respecter cède aux pressions du premier voyou armé venu qui défie carrément ce droit ? La communauté internationale est, de ce fait, coupable du délit de non-assistance à peuple en danger de mort.

Ici comme ailleurs en Occident, une opinion, largement répandue et amplifiée par les médias, voudrait nous faire croire que ce qui fait rage en ex-Yougoslavie est une guerre « ethnique » ou « tribale ». Plusieurs y trouvent la justification de leur désintérêt : ce sont des barbares, laissons-les s'entre-tuer jusqu'aux derniers, disent-ils, et tout est dit. Mais cette prétendue explication ne résiste guère à l'examen des faits. Sarajevo, ville de culture et société pluraliste, illustre de manière exemplaire l'enjeu premier de cette guerre.

L'interprétation tribaliste consacre en fait la réussite de la propagande serbe. Depuis la mort de Tito, en 1980, jusqu'à la complète mainmise sur les avoirs, les institutions et l'armée de l'ex-république yougoslave en 1991, le mouvement totalitaire dirigé par Slobodan Milosevic a sciemment eu pour objectif la « pleine homogénéisation politique et nationale des Serbes » (Ivo Banac, « L'effrayante asymétrie de la guerre », dans *Vukovar, Sarajevo,* publié sous la direction de Véronique Nahoum-Grappe aux Éditions Esprit). La suppression brutale de l'autonomie du Kosovo et de la Voïvodine, l'agression contre les républiques, devenues indépendantes, de Slovénie, de Croatie puis de Bosnie-Herzégovine, les exactions des milices serbes, le nettoyage ethnique procèdent de la volonté délibérée de créer un État ethniquement pur.

Oui, l'explication tribaliste occulte les véritables enjeux de cette guerre : le muselage ou la liquidation de tous ceux qui résistent à l'*ethnototalitarisme* serbe et luttent pour le triomphe des valeurs démocratiques, la dignité humaine, la tolérance et la justice, partout en ex-Yougoslavie, *y compris en Serbie*. En république de Bosnie-Herzégovine, le gouvernement démocratiquement élu, l'armée bosniaque et la population musulmane, catholique et orthodoxe défendent ensemble un modèle de société conviviale, pluriethnique et multiconfessionnelle.

Voilà pourquoi nous, citoyens du Québec, nous sommes directement concernés. Si nous ne soutenons pas, avec les moyens dont nous disposons, la résistance du peuple de Bosnie, nous trahissons les principes démocratiques que nous disons volontiers tenir pour intangibles et nous nous rendons complices de ceux qui les bafouent là-bas.

L'obus qui a éclaté en plein marché à Sarajevo, samedi le 5 février 1994, a *réveillé* la conscience curieusement sommeillante des politiciens et des diplomates. Sous la pression de leur opinion publique, les gouvernements occidentaux ont décidé d'agir. Enfin ! Certes, on ne peut que se féliciter de ce que l'OTAN ait menacé les agresseurs de frappes aériennes pour les contraindre à retirer leurs armes lourdes des hauteurs proches de la ville. Mais malgré ce qu'on prétend, le siège de Sarajevo n'a pas été levé. Encore moins celui des autres villes assiégées de Bosnie.

On oublie trop facilement que l'alibi humanitaire a fait passer comme une lettre à la poste la collaboration effective de la FORPRONU au maintien du siège de la ville. Une ville devenue un ghetto, puisque les citoyens y sont piégés. Voici à ce propos le témoignage de l'écrivain bosniaque Faïk Dizdarevic :

> On ne peut ni sortir de Sarajevo ni entrer dans Sarajevo sans la permission de la FORPRONU. Cela vaut même pour les hauts dignitaires de l'État bosniaque. Seuls sortent ceux qui jouissent d'une grande influence, ont beaucoup d'argent ou sont extrêmement débrouillards. Les gens « ordinaires » n'obtiennent jamais l'autorisation de sortir. [...] Et ceux qui tentent de sortir uniquement pour chercher « de l'autre côté » un peu de nourriture pour leur famille ? Il ne leur reste qu'à essayer de traverser en cachette la piste de l'aéroport

dans la nuit noire, au risque de leur vie. Car lorsqu'ils sont au milieu de la piste, la FORPRONU braque sur eux ses projecteurs. Ensuite les *snipers* et mitrailleurs des agresseurs entrent en scène. (Dans *Vukovar, Sarajevo*.)

Récemment George Shultz, ex-secrétaire d'État des États-Unis, déclarait : « La diplomatie américaine appuie des mesures qui mettent les Bosniaques en prison. Ils ne peuvent pas sortir sans la permission des gens qui les entourent. » Stephen Walker, qui a été responsable du *Yugoslav Desk* au département d'État, exprimait ainsi son appréhension : « Certains signes laissent penser que la diplomatie américaine pèsera de tout son poids sur les victimes, plutôt que sur les agresseurs. »

L'ultimatum de l'OTAN aurait pu redonner espoir aux Bosniaques. Comment ne pas comprendre leur déception à constater que les actuelles « initiatives diplomatiques », comprenant désormais celle des Russes, traditionnels alliés des Serbes, reconduisent purement et simplement la politique prônée par la FORPRONU depuis le début du conflit ? Le cessez-le-feu imposé par le général Rose oblige agresseurs et agressés, vicieusement confondus, à soumettre leurs armes lourdes au contrôle des Nations unies. Une commission onusienne est allée jusqu'à déclarer officiellement qu'on ne pouvait déterminer qui, des agresseurs serbes ou des défenseurs bosniaques, avait tiré l'obus qui a tué soixante-six personnes dans le marché de Sarajevo. Les sages médecins de la diplomatie internationale, dans leur grandeur d'âme, iraient jusqu'à *assister* le suicide des Bosniaques !

Soixante-dix pour cent du territoire bosniaque a été conquis par les milices serbes. Le « projet de paix », conçu et mis de l'avant par l'Union européenne et le Conseil de sécurité, aurait pour effet d'entériner une conquête et une occupation ! Il contraindrait ainsi les Bosniaques, de toutes ethnies et de toutes confessions, à capituler et à consentir au dépeçage de leur patrie, à une partition du territoire en entités ethniquement homogènes, inspirée par les principes racistes de la pureté de la race et de la primauté du sang. Cinquante ans après le soulèvement du ghetto de Varsovie, la communauté internationale s'apprête allègrement à créer de nouveaux ghettos en Europe, légitimant ainsi, au déni des principes fondateurs de la démocratie, la purification ethnique et la vivisection de tout un peuple. Qu'on en convienne ou non, le plan onusien récompense l'envahisseur serbe, et cela au mépris du droit international.

Le gouvernement légitimement formé de la république de Bosnie-Herzégovine défend la souveraineté, l'intégrité et l'indivisibilité du territoire. Le comité Solidarité Québec-Bosnie, instruit de la nette volonté des

Bosniaques, ne peut que condamner la partition de leur pays et la honteuse complicité des démocraties occidentales qui risque de la rendre inévitable.

Il est pénible de rappeler que le Canada s'est opposé, seul, et tant qu'il a pu, à la proposition américaine de menace de bombardements aériens. « NATO declines U.S. Plan to Bomb Serb. Canada Balks at Washington's Plan to Help Sarajevo », titrait le *New York Times* du 3 août 1993. Le Canada prétendait alors que les frappes aériennes auraient mis en danger la vie de nos Casques bleus.

En définissant le rôle du Canada dans le conflit en ex-Yougoslavie, les gouvernements Mulroney, Campbell et Chrétien ont fait valoir le rôle traditionnel, depuis Pearson, de nos troupes dans les missions de maintien de la paix. C'est en invoquant notre glorieux passé qu'ils se sont opposés aux interventions musclées pour mettre fin au génocide des Bosniaques. Il n'est pas jusqu'aux députés du Bloc québécois qui, lors d'un récent débat, n'aient fait chorus dans l'auto-panégyrique d'un pays qui se porterait, partout dans le monde, à la défense de la veuve et de l'orphelin ! Fort heureusement, les députés du Bloc et du NPD ont fait valoir qu'on ne pouvait abandonner les Bosniaques après les avoir désarmés, rompant ainsi un douteux consensus. Car comment peut-on, sans indignité, sans ineptie, mettre en balance des motifs de gloriole et le génocide de tout un peuple ?

L'Assemblée nationale du Québec a fait montre d'une meilleure tenue en adoptant, le 26 octobre 1993, une proposition d'appui et de solidarité avec la Bosnie :

> L'Assemblée nationale affirme que l'utilisation du viol comme arme politique, les attaques contre des civils sans défense et les campagnes d'épuration ethnique ne peuvent être tolérées par le monde civilisé et réitère que c'est le devoir moral des peuples et gouvernements du monde de secourir la population de Sarajevo et celle des autres villes assiégées de Bosnie-Herzégovine.

Le comité Solidarité Québec-Bosnie entend appuyer et soutenir, en usant de toutes les ressources dont il dispose, la lutte du peuple bosniaque pour sa liberté et conjuguer son action à tous les efforts déployés pour parvenir à un règlement fondé sur le droit et la justice. Nous faisons appel à la conscience de tous les citoyens et citoyennes qui, ici, au Québec, partagent notre inquiétude.

À rebours du sentiment d'impuissance désolée généralement répandu, nous sommes d'avis que nous pouvons faire quelque chose, immédiatement et à moyen terme. Pour commencer, nous pouvons inciter nos gouvernements, tant à Québec qu'à Ottawa, à mettre en œuvre des mesures qui, prises dans leur ensemble, actualisent une politique cohérente en regard de la situation. Nous en proposons quelques-unes.

1. Le rejet de la partition

Les Nations unies ne doivent pas prendre occasion des pourparlers de Genève pour autoriser et soutenir le partage de la Bosnie en *entités ethniques*. Nos gouvernements doivent s'inscrire en faux contre une solution aussi indigne et user de toute leur influence pour défendre vigoureusement la souveraineté de la Bosnie-Herzégovine.

2. La condamnation du nettoyage ethnique

Nous devons opposer une fin de non-recevoir absolue à l'idéologie du nettoyage ethnique, qui est l'expression centrale de toute opération fasciste d'extermination. On ne doit jamais réduire un peuple ou une nation à une ethnie ni à une confession nulle part au monde. En ce sens, le maintien de l'intégrité territoriale d'une Bosnie multiethnique et multiconfessionnelle a une portée universelle.

3. Le droit à la légitime défense

Nos gouvernements doivent s'opposer au désarmement de l'armée bosniaque. En outre, le Canada doit appuyer la proposition du Sénat américain de lever l'embargo sur la livraison d'armes à la Bosnie. Les Bosniaques ont le droit strict de disposer des moyens efficaces pour se défendre et résister à l'envahisseur.

4. La levée du siège des villes bosniaques

Les armes lourdes que les milices serbes ont retirées à vingt kilomètres de Sarajevo ne devraient pas être utilisées pour assiéger ou resserrer le siège d'autres villes bosniaques. La communauté internationale doit se faire un devoir de procéder à leur élimination. Elle doit aussi recourir à la menace de frappes aériennes pour contraindre les milices serbes ou croates à renoncer à leurs manœuvres d'envahisseurs.

5. L'aide gouvernementale

Les gouvernements et les peuples de l'Occident ont le devoir moral d'aider les Bosniaques à reconstruire leur pays, assurer le bien-être de la population et remettre en état les infrastructures nécessaires à l'exercice d'une vie civilisée. À cet égard, ils devraient encourager tous les citoyens, groupes de citoyens ou associations qui veulent faire leur part dans cette œuvre de reconstruction et de régénération.

6. La présence diplomatique

Le Canada devrait ouvrir une ambassade et le Québec une Maison à Sarajevo. De tels gestes notifieraient la volonté ferme d'appuyer l'indépendance de la république de Bosnie-Herzégovine. Le Canada a déjà une ambassade à Belgrade, capitale de la Serbie, alors que ce pays fait l'objet d'un boycott économique de la part de la communauté internationale ! Une telle décision favoriserait efficacement la réalisation de la mesure suivante.

7. L'aide aux réfugiés bosniaques

Les gouvernements canadien et québécois doivent prendre en compte l'urgence de venir en aide et d'accueillir les réfugiés bosniaques. Présentement, ces réfugiés sont encore traités comme des citoyens de l'ex-Yougoslavie ; certains sont contraints de passer par Belgrade. Pour venir au Québec, ils doivent se conformer aux critères généraux établis pour les immigrants, d'où qu'ils viennent. Il y a lieu de corriger là une sévère insuffisance.

8. Le droit au retour pour les réfugiés

Il faut tout mettre en œuvre pour faciliter le retour de tous les réfugiés dans leur foyer, conformément au droit des gens.

Deux ans et un quart de million de morts après le début du conflit en Bosnie, à Mostar, à Bihac, à Tuzla et à Srebrenica, des femmes sont toujours violées, des hommes et des enfants meurent loin des caméras. L'horreur en Bosnie va cesser le jour où les citoyens des pays libres ne laisseront plus en paix leurs élus : « C'est assez ! »

Les signataires

José Acquelin
Jacques Allard
Yves Beauchemin
Jean Beausoleil
André Brochu
Paul Chamberland
Anne Élaine Cliche
Francine Déry
Madeleine Gagnon
Stéphane Gélinas
Lise Harou
Magalie Huault
Jean-Ernest Joos
OSman Koulenovitch
Jacques Lamothe
René Lapierre
Monique Larue
Carole Massé
Marco Micone
Hélène Monette
Pierre Nepveu
F. Osmancevic
Richard Parent
François Piazza
Bruno Roy
France Séguin
Marguerite Synnott
Jean-Marie Therrien
Armand Vaillancourt

Stephen Albert
Noël Audet
Paul Bélanger
Yves Boisvert
Michel Bujold
François Charron
Patrick Coppens
Louise Dupré
Dominique Gaucher
Gérald Godin
B. Hartley
Suzanne Jacob
Pauline Julien
Alberto Kurapel
le Guanaco gaucho
Paul-Marie Lapointe
Pierre Lavoie
André McLaughlin
Gaston Miron
Madeleine Monette
Michèle Nevert
Fernand Ouellette
Jacques Pelletier
Yves Préfontaine
Janou Saint-Denis
Ghila B. Sroka
Jean-Yves Soucy
André Thibault
Pierre Vallières

Francine Allard
François Barcelo
David Beausoleil
André Boulerice
Elsa Chamberland
Jean-François Chassay
Jean-Marc Desgent
Gloria Escomel
Louis Gauthier
Pierre Graveline
Alain Horic
Jean Jonassaint
Naim Kattan
Rose-Marie Lafrance
Henri Lamoureux
Guy Laprés
Renée Legris
Jean Ménard
Annie Molin Vasseur
Serge Mongrain
Angéline Neveu
Sylvain Parayre
André Pesant
André Roy
Brigitte Sauriol
Marie Sterlin
France Théoret
Salvador Torres Saso

Cartes

PARTAGE DE L'EMPIRE ROMAIN EN 395

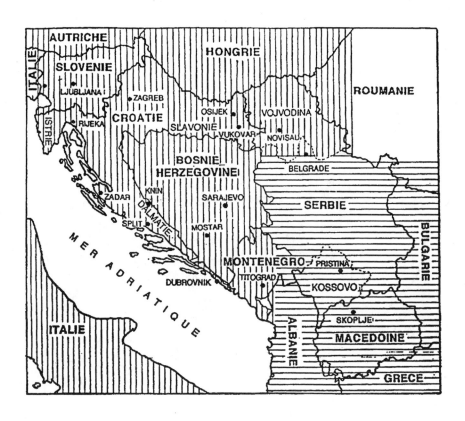

 L'Empire romain d'Occident

 L'Empire romain d'Orient (Byzance)

Les cartes reproduites ici sont tirées de l'ouvrage de Gregory Peroche, *Histoire de la Croatie et des nations slaves du Sud, 395-1992*, Paris, F.-X. de Guibert (O.E.I.L.), 1992. Les auteurs expriment leur reconnaissance à l'éditeur.

LES ÉTATS DES SLAVES DU SUD AU MILIEU DU IXe SIÈCLE

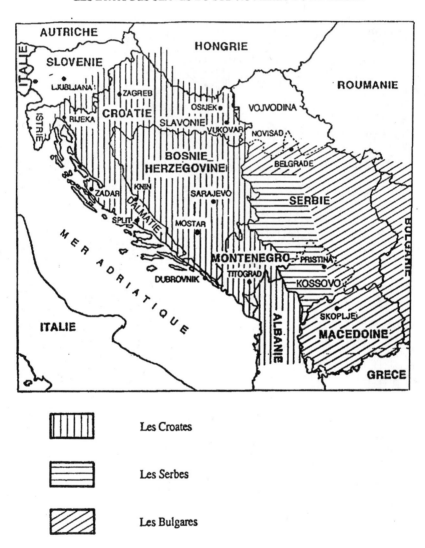

	Les Croates
	Les Serbes
	Les Bulgares

LES EMPIRES DE CHARLEMAGNE ET DE BYZANCE
DANS LES BALKANS EN 812

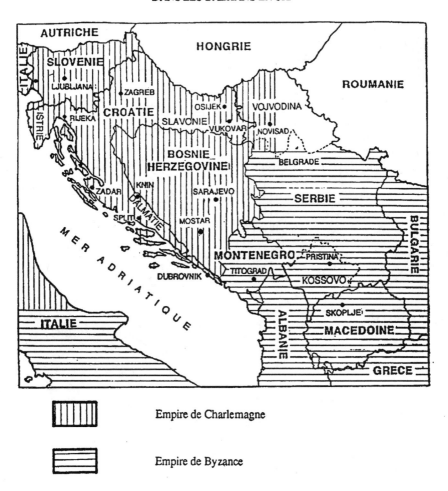

Empire de Charlemagne

Empire de Byzance

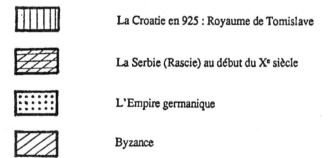

LES ÉTATS ET LES EMPIRES AU Xᵉ SIÈCLE

⊞	La Croatie en 925 : Royaume de Tomislave
⊞	La Serbie (Rascie) au début du Xᵉ siècle
⊞	L'Empire germanique
⊞	Byzance

LA BOSNIE AU MOYEN AGE

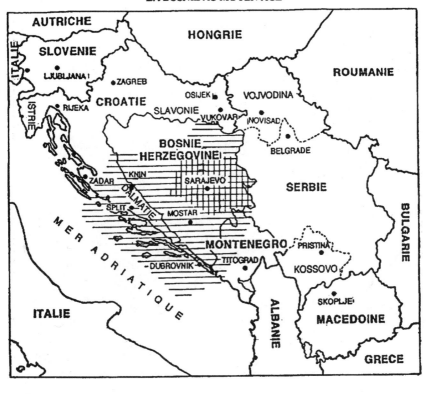

 La province de Bosnie du VIIIe au XIIe siècle

Le royaume de Bosnie du XIIe au XVe siècle

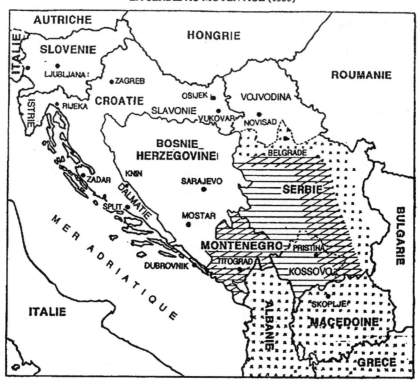

LA SERBIE AU MOYEN AGE (1355)

La Serbie ethnique du VIIe au XIIe siècle

Rattachement du Monténégro à la Serbie par S. Nemanja et la région de Morava

Conquêtes et Empire du tsar Douchan (1355) qui se proclame tsar des Serbes et des Grecs

L'EMPIRE OTTOMAN ET LES BALKANS

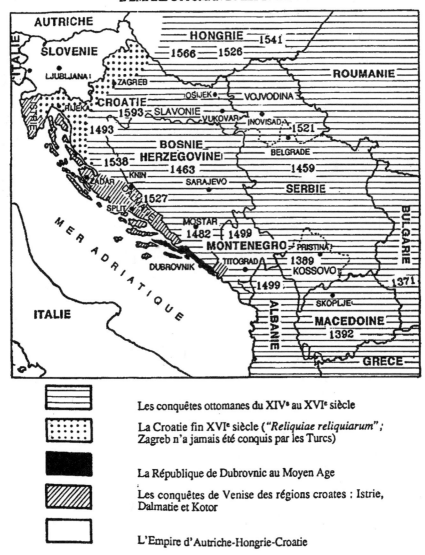

Les conquêtes ottomanes du XIVe au XVIe siècle

La Croatie fin XVIe siècle (*"Reliquiae reliquiarum"* ; Zagreb n'a jamais été conquis par les Turcs)

La République de Dubrovnic au Moyen Age

Les conquêtes de Venise des régions croates : Istrie, Dalmatie et Kotor

L'Empire d'Autriche-Hongrie-Croatie

165

L'EMPIRE OTTOMAN AU XVIIᵉ SIÈCLE (1606–1699)

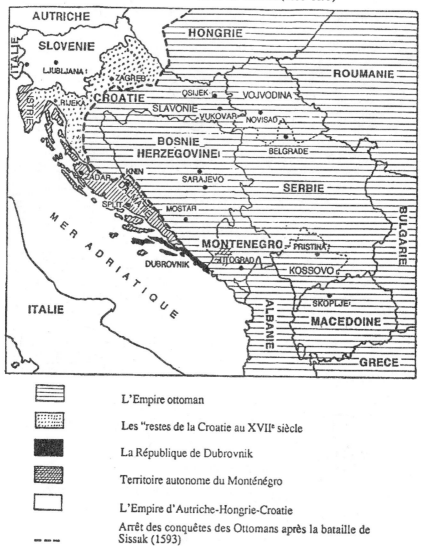

▤	L'Empire ottoman
▦	Les "restes de la Croatie au XVIIᵉ siècle
■	La République de Dubrovnik
▨	Territoire autonome du Monténégro
□	L'Empire d'Autriche-Hongrie-Croatie
---	Arrêt des conquêtes des Ottomans après la bataille de Sissak (1593)

LES EMPIRES ET LES BALKANS AU DÉBUT DU XIXe SIÈCLE

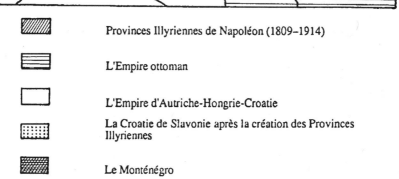

AUTRICHE

HONGRIE

SLOVENIE

LJUBLJANA

ROUMANIE

ZAGREB

CROATIE

OSIJEK

VOJVODINA

RIJEKA

SLAVONIE

VUKOVAR

NOVISAD

BOSNIE HERZEGOVINE

BELGRADE

KNIN

ZADAR

DALMATIE

SARAJEVO

SERBIE

SPLIT

MOSTAR

BULGARIE

MONTENEGRO

PRISTINA

DUBROVNIK

TITOGRADA

KOSSOVO

MER ADRIATIQUE

ALBANIE

SKOPLJE

ITALIE

MACEDOINE

GRECE

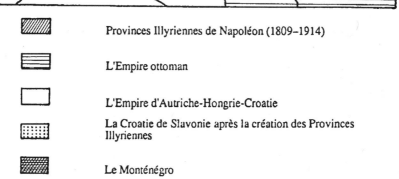

Provinces Illyriennes de Napoléon (1809–1914)

L'Empire ottoman

L'Empire d'Autriche-Hongrie-Croatie

La Croatie de Slavonie après la création des Provinces Illyriennes

Le Monténégro

167

LA SERBIE DE 1817-1914

	La Serbie, *pachalouk* turc, en 1817
	Régions rattachées à la Serbie (1833)
	Régions rattachées à la Serbie en 1878 (Congrès de Berlin)
	Les régions conquises par la Serbie après les guerres balkaniques (1912-1913 : la Macédoine, le Kosovo, Sandjak)

FRONTIÈRES DES RÉPUBLIQUES FÉDÉRÉES EN 1945

CRÉATION DE DEUX RÉGIONS AUTONOMES RATTACHÉES A LA SERBIE : VOJVODINE ET KOSOVO

PRINCIPALES MINORITÉS NATIONALES
DANS L'EX-YOUGOSLAVIE

Minorités serbes (Croatie, Bosnie, Kosovo, Macédoine)

Minorités croates (Bosnie, Vojvodine)

Minorités musulmanes

Minorité hongroise

LES PRINCIPALES DONNÉES STATISTIQUES

Croatie

Km² : 56 550
Population : 4 700 000
Croates : 80%
Serbes : 11%
Autres : 9%

Bosnie-Herzégovine

Km² : 51 125
Population : 4 450 000
Musulmans : 44%
Serbes : 33%
Croates : 22%

Serbie (sans régions)

Km² : 56 000
Population : 5 800 000
Serbes : 85%
Autres : 15%

Slovénie

Km² : 20 250
Populations : 1 950 000
Slovènes : 91%
Autres : 9%

Macédoine

Km² : 25 700
Population : 2 100 000
Macédoiniens : 75%
Albanais : 15%
Musulmans : 7%
Serbes : 3%

Kosovo

Km² : 21 800
Population : 1 900 000
Albanais : 80%
Serbes : 10%
Autres : 10%

Vojvodine

Km² : 21 800
Population : 2 000 000
Serbes : 50%
Hongrois : 25%
Croates : 8%
Autres : 17%

Bibliographie

ALMOND, Mark. *Europe's Backyard War,* London, Heinemann, 1994.

AMNISTIE INTERNATIONALE. *Bosnie-Herzégovine, Une nouvelle barbarie,* éd. francophones d'Amnistie internationale, 1993.

BANAC, Ivo. *The National Question in Yugoslavia, Origins, History, Politics,* Ithaca, Cornell University Press, 1984.

BIOLLEY, Jacques. *Un génocide en toute liberté, La Bosnie à feu et à sang,* Marseille et Fribourg, Wallâda et Méandre, 1993.

BOGIC, Midhat. *La Bosnie : carrefour d'identité culturelle,* Paris, L'Esprit des péninsules, 1994.

BRUCKNER, Pascal. *Le Vertige de Babel, Cosmopolitisme ou mondialisme,* Paris, Arléa, 1994.

CASTELLAN, Georges. *Histoire des Balkans, XIVe-XXe siècles,* Paris, Fayard, 1991.

CATALDI, Anna. *Lettres de Sarajevo,* Paris, Liana Levi, 1993.

CHARUEL, Marc. *Putain de guerre, Gaston Besson volontaire français contre les serbes,* Monaco, éd. du Rocher, 1993.

COLIC, Velibar. *Les Bosniaques,* Paris, Le Serpent à plumes, 1993.

COLLECTIF. *Bosnie : Réagir ! L'indifférence est une complicité,* Paris, Mathias Gérard, 1993.

COLLECTIF. *Dessine-moi la paix,* Éd. Chêne-UNICEF, 1994.

COLLECTIF. *L'Éclatement yougoslave, Une tragédie européenne,* Paris, éd. de l'Aube et Libération, 1994.

COLLECTF. *L'Enfer yougoslave, Les victimes témoignent,* Paris, Belfond, 1994.

COLLECTIF. *Le Livre noir de l'ex-Yougoslavie, Purification ethnique et crimes de guerre,* le Nouvel observateur et Reporters sans frontières, Paris, Arléa, 1993.

COLLECTIF. *Nationalismes : la tragédie yougloslave,* Le Monde diplomatique, « Manière de voir », nº 17, 1993.

COLLECTIF. *Sarajevo,* Paris, Libération, collection Spécial Sarajevo, n° 10, novembre 1992.

COLLECTIF. *Sarajevo : A protrait of the Siege,* New York, Warner Books, 1994.

COLLECTIF. « Sarajevo, Sarajevo », dans *La Règle du Jeu* (Paris), n° 13, 1994.

COLLECTIF. *The Muslims of Bosnia-Herzegovina : Their Historic Development from the Middle Ages to the Dissolution of Yugoslavia,* Cambridge, HCMES, 1994.

COLLECTIF. *Voyage balkanique, Dalmatie et Bosnie-Herzégovine en 1929 et maintenant,* Paris, Association voyage balkanique, 1994.

COLLECTIF. *Why Bosnia ? Writing on the Balkan War,* Stony Creek, The Pamphleteer's Press, 1993.

COLLECTIF. « Yougoslavie : penser dans la crise », dans *Lignes* (Paris), n° 20, 1993.

COULON, Jocelyn. *Les Casques bleus,* Montréal, Fides, 1994.

CRNOBRNJA, Mihajlo. *Le Drame yougoslave,* Paris, Apogée, 1992.

DENITCH, Bogdan. *Ethnic Nationalism : The Tragic Death of Yugoslavia,* Minneapolis, University of Minnesota Press, 1994.

DIZDAREVIC, Zlatko. *Journal de guerre, Chronique de Sarajevo assiégée,* Paris, Spengler, 1993.

DIZDAREVIC, Zlatco. *Portraits de Sarajevo,* Paris, Spengler, 1994.

Liste établie par Stéphane Gélinas.

DIZDAREVIC, Zlatco et Gérard RONDEAU. *Le Silence, et rien alentour, Croatie, Bosnie-Herzégovine, 1993-1994,* Arles, Actes Sud, 1994.

DONIA, Robert J. et John V. A. FINE. *Bosnia and Herzegovina : A Tradition Betrayed,* Columbia University Press, 1993.

DRAGNICH, Alex N. *Serbs and Croats : The Struggle in Yugoslavia,* New York, Harcourt Brace, 1994.

DRAKULIC, Slavenka. *The Balkan Express : Fragments from the Other Side of War,* New York, W. W. Norton and co., 1992.

DUROY, Lionel. *Il ne m'est rien arrivé,* Paris, Mercure de France, 1994.

FERON, Bernard. *Yougoslavie, Origines d'un conflit,* Paris, Le Monde et Marabout, 1993.

FILIPOVIC, Zlata. *Le Journal de Zlata,* Paris, Robert Laffont et Fixot, 1993.

FINKIELKRAUT, Alain. « La Yougoslavie, prison des peuples », dans *Le Messager européen* (Paris), vol 6, 1992.

FINKIELKRAUT, Alain. *Le Crime d'être né, L'Europe, les nations, la guerre,* Paris, Arléa, 1994.

GARDE, Paul. *Vie et mort de la Yougoslavie,* Paris, Fayard, 1992.

GARDE, Paul. *Les Balkans,* Paris, Flammarion, 1994.

GLENNY, Micha. *The Fall of Yugoslavia, The Third Balkan War,* New York, Penguin Books, 1992.

GOMPERT, David. « How to Defeat Serbia », dans *Foreign Affairs* (New York), juillet-août 1994.

GOYTISOLO, Juan. *Cahier de Sarajevo,* Strasbourg, La Nuée bleue, 1993.

GRMEK, Mirko, *et al. Le Nettoyage ethnique, Documents historiques sur une idéologie serbe,* Paris, Fayard, 1993.

GUTMAN, Roy. *A Witness to Genocide : The 1993 Pulitzer Prize-Winning Dispatches on the « Ethnic Cleansing » of Bosnia,* New York, Macmillan, 1993.

GUTMAN, Roy. *Bosnie : témoin du génocide,* Paris, Desclée de Brouwer, 1994.

HALL, Brian. *The Impossible Country, A Journey through the Last Days of Yugoslavia,* Boston, David R. Godine, 1994.

HATZEFD, Jean. *L'Air de la guerre,* Paris, éd. de l'Olivier, 1994.

HELSINKI WATCH. *War Crimes in Bosnia-Herzegovina,* New York, 1992.

IGNATIEFF, M. *Blood and Belonging,* New York, Viking Press, 1993.

JULLIARD, Jacques. *Ce fascisme qui vient... ,* Paris, éd. du Seuil, 1994.

KAPLAN, Robert D. *Balkan Ghosts : A Journey through History,* New York, Vintage, 1993.

KARAHASAN, Dzevad. *Un déménagement,* Paris, Maren Sell et Calmann-Levy, 1994.

KENNAN, George F. *The Other Balkan Wars : A 1913 Carnegie Endowment Inquiry in Retrospect with a New Introduction and Reflexions on the Present Conflict,* Washington, Carnegie Endowment for International Peace, 1993.

KLAIN, E. *Psychology and Psychiatry of War,* Zagreb, 1992.

KRULIC, Joseph. *Histoire de la Yougoslavie, de 1945 à nos jours,* Bruxelles, Complexe, 1993.

LACOSTE, Y. E. « La question serbe », dans *Hérodote* (Paris), numéro spécial (67), 1992.

LE BRUN, Annie. *Les Assassins et leurs miroirs, Réflexion à propos de la catastrophe yougoslave,* Paris, Jean-Jacques Pauvert, au Terrain vague, 1993.

LÉVY, Bernard-Henri. *La Pureté dangereuse,* Paris, Grasset, 1994.

MACKENZIE, Lewis. *Peacekeeper : The Road to Sarajevo,* Vancouver et Toronto, Douglas & MacIntyre, 1993.

MAGAS, Branka. *The Destruction of Yugoslavia, Tracking the Break-up, 1980-1992,* New York, Verso, 1993.

MALCOLM, Noel. *Bosnia, A Short History,* London, Macmillan, 1994.

MATVEJEVITCH, P. *Épistolaire de l'autre Europe,* Paris, Fayard, 1992.

MAZOWER, M. *The War in Bosnia, an Analysis,* London, 1992.

MÉDECINS SANS FRONTIÈRES. *Face aux crises,* Paris, Hachette, coll. « Pluriel », 1993.

MORILLON, Philippe. *Croire et oser, Chronique de Sarajevo,* Paris, Grasset, 1993.

PEROCHE, Gregory. *Histoire de la Croatie et des nations slaves du Sud, 395-1992,* Paris, F. X. de Guibert (O.E.I.L.), 1992.

NAHOUM-GRAPPE, Véronique (dir.). *Vukovar, Sarajevo... La guerre en ex-Yougoslavie,* Paris, éd. Esprit, 1993.

PLISSON, Gabriel. *Mourir pour Sarajevo,* France, In Finé, 1994.

POIROT-DELPECH, Bertrand. *L'Amour de l'humanité,* Paris, Gallimard, 1993.

POWER, Samantha. *Breakdown in the Balkans, A Chronicle of Events : January 1989 to May 1993,* New York, a Carnegie Endowment Special Publication, 1993.

PRSTOJEVIC, Miroslav. *Survival Guide,* Sarajevo, FAMA, 1993.

REHNICER, Raymond. *L'Adieu à Sarajevo,* Paris, Desclée de Brouwer, 1993.

RUPNIK, Jacques. *De Sarajevo à Sarajevo, L'Échec yougoslave,* Bruxelles, Complexe, 1992.

SAMARY, C. *La Déchirure yougoslave, Questions pour l'Europe,* Paris, L'Harmattan, 1994.

SELLIER, André et Jean SELLIER. *Atlas des peuples d'Europe centrale,* Paris, La Découverte, 1991.

SHARP, J. M. O. *Bankrupt in the Balkans, British Policy in Bosnia,* London, 1993.

TASSIN, E. *Sur l'ex-Yougoslavie, Actes de la journée du 5 mars 1993,* Paris, Collège international de philosophie, 1993.

THOMPSON, Mark. *A Paper House : The Ending of Yugoslavia,* New York, Vintage, 1992.

THOMPSON, Mark. *Forging war : The media in Serbia, Croatia and Bosnia-Hercegovina,* London, International Centre Against Censorship, 1994.

VALLIÈRES, Pierre. *Le Devoir de résistance,* Montréal, VLB, 1994.

VERNET, Daniel et Jean-Marc GONIN. *Le Rêve sacrifié, Chronique des guerres yougoslaves,* Paris, Odile Jacob, 1994.

WYNAENDTS, Henry. *L'Engrenage, Chroniques yougoslaves,* Paris, Denoël, 1993.

Filmovidéographie

Cinéma de guerre et de résistance (1992-1994)

BIRGÉ, Jean-Jacques. *Sniper.*
BIRGÉ, Jean-Jacques. *Chaque jour pour Sarajevo.*
BUKVIC, Amir. *The Children of Sarajevo.*
DIZDAREVIC, Nenad. *Le Guide bleu.*
LÉVY, Bernard-Henri. *Bosna !*
LJUBIC, Vesna. *Ecce homo.*
OPHULS, Marcel. *Veillée d'armes.*
MEHMEDOVIC, Semedzin. *Mizaldo.*
OBALA. *Witness of Existence.*
PROLIC, Haris. *Mort à Sarajevo.*
RÉGNIER, Michel. *Elles s'appellent toutes Sarajevo.*
TADIC, Radovan. *Les Vivants et les morts de Sarajevo.*
UNESCO. *Winter, Winter, Winter.*
UNESCO. *Children under Siege.*

Le collectif de cinéma bosniaque SAGA a produit environ 25 films, dont *MGM-Sarajevo* (L'Homme, Dieu, le monstre), *Godot, Street Under Siege, Sa life*, etc.

Cinéma d'avant-guerre

GENGIC, Bato. *Silent Gunpower*, 1990.
IDROVIC, Mizra. *Azra*, 1988.
KRAVAVAC, Hajrudin. *Valter... Sarajevo*, 1972.
KUSTURICA, Emir. *Papa est en voyage d'affaires*, 1984.
KUSTURICA, Emir. *Le Temps des gitans*, 1987.
LAVANIC, Zlato. *The Magpie Strategy*, 1987.

Liste établie par André McLaughlin et Pierre Vallières.

*Achevé d'imprimer
au mois d'août mil neuf cent quatre-vingt-quinze
sur les presses de Veilleux Impression à demande
à Boucherville, Québec.*